두 도시 이야기

두 도시 이야기

서울·평양 그리고 속초·원산

JTBC 〈두 도시 이야기〉 제작팀 지음

중앙books

두 도시는
서로 다른 방향으로
걷고 있었다.
하지만!

셰익스피어 이후에 영국을 대표하는 작가는 찰스 디킨스다. 그의 대표작은 《크리스마스 캐럴: 유령 이야기》와 《두 도시 이야기》다. 이 장편소설은 18세기 프랑스혁명 당시 런던과 파리에서 벌어진 격변을 배경으로 하고 있는데, 그중 이런 대목이 나온다.

두 도시는 서로 다른 방향으로 걷고 있었다.

여기서 '두 도시'는 런던과 파리다. 두 도시를 무대로 활동하는 인물들은 각기 다른 지향점을 갖고 있었다. JTBC 〈두 도시 이야기〉의 첫 무대는 서울과 평양이다. 찰스 디킨스의 표현처럼 두 도시도 오랫동안 서로 다른 방향으로 걷고 있었다. 하지만 그다음에 '하지만!'을 덧붙이려 한다. 오랫동안 서로 다른 방향으로 걸었지만 앞으로는 같은 방향으로 걸었으면 하는 바람을 이 책은 담고 있다.

생소한 두 사람이 금방 친해지는 방법이 있다. 바로 맛있는 식사를 함께하는 것이다. 거기에 반주를 곁들인다면 더욱 효과적이다. 좀 더 친해지려면 여행을 같이 가도 좋다. 서울과 평양, 평양과 서울은 오랫동안 서로 외면하고 살아왔다. 우리는 생소했던 두 도시가 친해지려면 음식, 술, 풍물부터 이야기하면 좋을 것이라 생각했다. 서울과 평양 사이에는 서로 다른 문화들이 존재한다. 하지만 자세히 들여다보면 그 다른 문화가 같은 뿌리에서 갈려나왔음을 알게 된다. 이것이 바로 이 책의 핵심 내용이자 출간 취지다.

다큐멘터리 〈두 도시 이야기〉는 JTBC 탐사기획국의 방송 내용을 바탕으로 제작됐다. 2018년 1월 4일에 시사프로그램 〈이규연의 스포트라이트〉를 통해 10년 가까이 남한에 알려지지 않았던 평양의 생생한 모습이 전해졌다. 그런데 불과 한 달 전까지 핵 위협을 했던 북한이 바로 사흘 전인 그해 1월 1일, 남북 대화를 재개할 의사를 밝혔었다. 전문가들도 예상하지 못한 김정은 위원장의 파격적인 행동이었다. 주위에서 "북한의 파격적인 행동을 어떻게 예측하고 평양 취재기를 준비했느냐"는 질문을 참 많이 받았다.

사실 그 방송이 기획된 데는 특별한 사연이 있다. 2017년 가을, 이런 생각을 했다. '전쟁설까지 나왔다면 갈 데까지 간 것 아닌가.' 그렇다면 앞으로 두 가지 길이 있을 거라고 생각했다. 격한 대결, 아니면 대화 재개다. 당시 대다수는 더 격한 대결을 예상했다. 물론 그럴 가능성이 커 보였다. 그렇게 된다면 할 일이 별로 없을 것 같았다. 반대로 대화 재개라면 어떨까. 엄청난 공론의 장이 열릴 것이라고 여겼다. 그때부터 본격적으로 북한 기획을 시작했다.

그 무렵, 〈한겨레신문〉 사진기자 출신인 재미 언론인 진천규 기자를 우연한 자리에서 만났는데, 얼마 전 평양 취재를 하고 돌아왔다고 했다. 당시에는 재외 동포였기에 북한 취재가 가능했다. 그에게서 듣는 북한 이야기는 참 흥미진진했다. 나는 그 자리에서 진 기자에게 JTBC 탐사기획국이 취재를 지원하겠다고 약속했다. 얼마 뒤 진 기자는 평양으로 다시 들어갔다. 〈이규연의 스포트라이트〉의 '단독 공개! 21일간의 평양' 편은 이렇게 나올 수 있었다. 다큐멘터리 〈두 도시 이야기〉의 기획과 취재 역시 같은 맥락에서 진행됐다.

〈두 도시 이야기〉를 기획할 때 걱정이 적지 않았다. 한동안 우리 사회에서 '평양 이야기'는 금기 아닌 금기였다. 최대한 있는 그대로를 보여주려고 했지만 그 '있는 그대로'가 누군가에게는 불편하게 보일 수도 있었다. 한 장면 한 장면, 한 글자 한 글자를 주의 깊게 들여다봐야 했다. 북한을 과도하게 자극할 수 있는 내용 역시 살펴봐야 했다. 출간해 놓고 보니 내용의 깊이와 폭에서 아쉬운 점이 너무 많다. 다만 평양을 서울과 비교하며 보는 재미를 느끼시길 바란다. 마음을 열어놓고 본다면 우리가 미처 몰랐던 평양이 펼쳐질지도 모른다. 앞으로 두 도시가 같은 방향으로 걷는데 이 책이 조금이라도 도움이 됐으면 좋겠다.

졸저가 나오기까지 격려를 해 주신 JTBC 손석희 사장과 오병상 보도총괄에게 감사드린다. 평양 취재에 큰 도움을 준 〈이규연의 스포트라이트〉 제작진의 노고도 잊지 못할 것이다. 진천규 기자 역시 방송뿐만 아니라 출판에서도 소중한 파트너 역할을 해주었다. 방송에서 아름다운 선율로 남북의 두 도시를 이어준 윤상 음악감독에게도 감사의 마음을 전한다. 또한 바쁜 일정에도 내레이션을 맡아준 배우 유인나 씨와 윤세아 씨, 가수 민경훈 씨에게 이 자리를 빌어 감사를 전한다. 자문과 섭외, 출연 그리고 촬영을 위해 정말 많은 분들의 헌신적인 도움을 받았다. 이 자리를 빌어 〈두 도시 이야기〉에 함께 해주신 모든 분들에게 다시 한번 감사의 말씀을 드린다.

JTBC 탐사기획국장 겸 앵커

이규연

2부
속초
원산

다른가 싶더니
또 같은 음식의 DNA

오랜 분단과 단절을 넘어서는 일이 그리 간단한 것만은 아니다. 그동안 우리는 너무도 큰 갈등과 상처의 시간을 보냈다. 우리 사회에 북한에 대한 거부감이 강하게 뿌리 내린 것도 사실이다. 정치나 이념을 벗어나 서로에게 더 쉽고 친근하게 다가갈 수 있는 길이 무엇일까를 고민했다.

"평양에 가고 싶다"는 말과 "평양에 가서 평양냉면 먹고 싶다"는 말은 전혀 다르게 들린다. 전자가 정치적인 말로 해석될 여지를 둔다면 후자는 어떤 정치 성향이나 이념을 가졌든 편히 받아들일 수 있는 표현이다. 그래서 우리는 서울과 평양의 미식 기행이라는 콘셉트를 잡았다.

서울과 평양의 이야기를 어떻게 '음식'이라는 하나의 소재로 연결할 수 있을까. 그런데 자료조사를 하는 과정에서 같은 탕반문화를 발견하는 등 '세월이 지나도 여전히 같은' 연결점들이 많았다. 그런 지점들을 풀어줄 수 있는 평양의 음식점과 명소를 선정했다.

평양에 도착해서 북한 제작진과 사전 미팅을 가졌는데, 이때 우리가 보낸 촬영 구성안을 중심으로 무엇이 촬영 가능하고 불가능한지 판단했다. 또 북한 제작진이 제안하는 의견을 최대한 반영해서 음식점을 바꾸거나 더하기도 했다. 그런 과정에서 남한에서는 알 수 없었던 음식과 명소들도 추가할 수 있었다.

단절된 시간이 70년이 넘으니 서로가 다르고 때로는 이해하기 힘든 영역이 있다는 것은 어쩌면 너무나 당연한 일이다. 다름은 다름으로 인정하고 그 위에서 서로의 간격을 조금씩 좁혀가는 것이 방송 교류를 포함한 남북 교류의 출발이 아닐까.

처음부터 우리는 다름을 기본 전제로 하는 게 현실적이라고 생각했다. 그래서 언어도, 풍습도, 사람도, 모든 것이 다를 것이라고 생각하고 촬영을 시작했다. 그러나 언어는 아무런 문제없이 의사소통이 가능했다. 그저 지역 사투리로 여겨지는 수준이었다. 풍습과 사람도 막상 우리네 사는 모습과 별반 다르지 않았다. 솔직히 그런 모습을 보고 놀랐고, 감동했다.

촬영이 끝나면 우리와 북한 제작진은 촬영한 음식점의 메뉴를 함께 먹었다. 식사를 하면서 대동강맥주도 곁들이고 같이 회포를 풀었다. 북한 촬영감독 중 한 명이 애주가라서 맥주를 즐겼는데, 서로

▲ 제작진이 평양에서 맛본 음식들

농담도 하고 분위기가 화기애애했다.

특히 방송 주제였던 북한 음식 문화와 남한 음식 문화에 대해 서로 이야기를 많이 나누었다. 북한 음식은 전통을 지키고 유지하는 데서 남한이 잊고 있었던, 예전 우리 음식을 돌아보게 하는 점이 많았다.

남북한의 음식은 분단의 세월 동안 서로 다르게 변해왔다. 남한의 서울 음식은 자본주의 시장의 평가 속에서 새로운 음식들이 우후죽순으로 생겨나고, 또 도태되며 천태만상으로 확장되었다. 그러나 북한은 국제적 제재 여건에서 전통 조리법을 지키고 지역 식재료를 최대한 활용하는 방식으로 발전해왔다.

그랬던 것이 최근 남한에서는 한식 재평가와 고급화의 바람이 불며 한국인의 입맛으로 회귀하는 움직임이 생겼다. 북한에서는 이제 개방의 물결을 타고 피자나 스파게티, 퐁뒤 같은 해외 음식을 받아들이고 있었다.

다른가 싶더니 또 같았다. 우리는 음식 또한 분명 같은 DNA를 공유하고 있었다. 한강과 대동강이라는 다른 이름의 강으로 흘렀지만, 같은 서해 바다에서 만나는 서울과 평양의 물줄기처럼 변해온 방향은 달랐지만, 남한과 북한의 식문화는 같은 지점으로 통하고 있었다.

[1부]

서울

분단 70년 동안 서울과 평양은 얼마나 달라졌을까?

생소함에 대한 설렘과 익숙함에 대한 기대를 품고 두 도시를 넘나든다.

[1장]

서울 요리·평양 료리

서울과 평양, 두 도시는 70년 넘게 단절되며 각자의 길을 걸었다.

서로 달라졌고 때로는 이해하기 힘들지도 모른다.

하지만 한민족의 DNA에 새겨진 하나의 입맛,

그 본능의 맛을 우리는 평양에서 발견할 수 있었다.

우리가 만난 평양의 맛집들과 명소들 속에서

생각보다 자주 서울이 보였다.

분단과 단절 속에서 우리가 미처 몰랐던

평양의 진짜 맛과 문화를 소개한다.

평양을
맛보러 가자

　서울에서 평양으로 가려면 중국을 거쳐야 한다. 중국 선양으로 가서 그곳에 있는 북한 대사관에서 비자를 받는다. 그 후 고려항공을 타고 평양으로 향한다.

　아무나 갈 수 없는 곳, 평양. 여권에 쓰인 '남조선'이라는 단어를 보니 비로소 북한 비자라는 게 실감이 난다. 서울과 평양은 육로로도 1시간이면 갈 수 있는 거리에 있지만, 현재는 비행기를 두 번이나 갈아타야 닿을 수 있다. 대한민국 국적을 가지고, 북한을 취재해온 통일TV의 진천규 대표가 다시 평양 촬영에 나섰다.

　고려항공 발권대 앞은 평양으로 가는 사람들로 북적인다. '평양'이라는 단어가 주는 긴장감은 우리만 느끼는 걸까. 탑승구의 분위기는 여느 항공사와 다를 바 없다. 승객의 상당수는 북한 주민들과

▲ '남조선'이 표기된 여권

▲ 기내식으로 나온 햄버거와 탄산음료

중국 관광객들이다.

"평양으로 가시는 손님들을 환영합니다. 손님들은 비행 안전을 위하여 여행 전 구간 담배를 피우지 말아야 합니다."

이륙한 지 얼마 되지 않아 기내식 서비스가 시작되었다. 평양 미식 기행의 첫 음식인 셈이다. 그런데 예상을 깨고 햄버거가 나왔다. 단출하지만 담백한 맛이었다. 곧이어 음료 서비스도 이어진다. '탄산단물'이라는 이름을 보니 맛이 짐작된다. 그렇게 잠시 기내식을 먹고 나니 아래로 북한 땅이 펼쳐진다. 이곳이 우리의 목적지 평양이다.

그런데 미국 국적기가 보인다. 이날은 폼페이오 미국 국무장관의 3차 방북이 있던 날이었다. 우리는 평양 공항에서 인공기와 성조기가 교차하는 장면을 목격할 수 있었다.

비행기에서 내려 공항을 빠져나와 드디어 평양 시내로 향한다. 멀리 북한의 최고층 건물인 유경호텔이 평양 시내에 도착했음을 알려준다. 평양 사람들은 어떻게 살아가고 있을지, 이들의 식탁에는 어떤 음식이 오르고 그 맛은 또 어떨지, 궁금한 것이 너무나 많

▲ 평양 공항에서 인공기와 성조기가 교차하는 장면

왔다. 그것을 확인하러 중국을 거쳐 멀리 돌아서, 참으로 어렵게 평양에 도착했다. 새로운 풍경을 만난다는 기대감, 남한 국민들에겐 금지된 곳에 왔다는 긴장감, 어떻게든 이 촬영을 해내야 한다는 부담감이 뒤섞였다.

숙소는 화려하진 않으나 단정했고, 식사로 나온 한식도 맛있었다. 이제 남과 북의 제작진이 함께 30일간 평양 취재에 나선다. 다양한 평양의 맛집들과 명소들, 분단과 단절 속에서 우리가 미처 몰랐던 평양의 진짜 맛과 문화를 찾아간다.

분단 70년 동안 우리는 얼마나 달라졌을까? 단절과 변화 속에서도 우리는 여전히 공감할 수 있을까? 여전히 동일한 무언가를 공유하고 있을 거라는 기대를 품고 우리는 서울과 평양, 두 도시를 넘나들었다.

대동강과 한강처럼, 대동문과 동대문처럼
　　평양과 서울은 다른 듯 닮아 있다.

서울 남산타워에서 찍은 풍경

서울

평양 고려호텔 회전식당에서 찍은 풍경

평양

분단과 단절의 시간 동안
서울과 평양에서는 무엇이 달라졌을까?
과연 여전히 공감할 수 있는 것이 있을까?
두 도시를 넘나들며 우리 자신을 만나러 간다.

푸른 버드나무, 청류관 이야기

　음식에는 한 도시의 문화와 그곳에서 사는 사람들의 생활상 그리고 트렌드가 담겨 있다. 분단의 세월 동안 평양 시민들은 어떤 음식을 즐겨 왔을까.

　평양 음식이라고 하면 누구나 옥류관을 먼저 떠올릴 것이다. 그러나 옥류관과 쌍벽을 이룬다는 청류관에 대해서는 상대적으로 덜 알려져 있다. 북한의 각종 요리 경연 대회에서 옥류관과 1, 2위를 다툰다는 청류관이 궁금해졌다. 평양에서 가장 번화한 거리인 중구역에 있는 청류관을 첫 번째로 찾아가기로 했다.

　중구역은 대동강과 그 지류인 보통강을 끼고 있는데, 보통강 신서다리 부근에 바로 청류관이 있다. 청류관(青柳館)이라는 이름은 한자 뜻 그대로 '푸른 버드나무'라는 뜻이다. 예부터 대동강 변에

▲ 푸른 버드나무와 어우러진 청류관의 전경

는 버드나무가 많기로 유명해서 평양을 '류경'이라고 부르기도 했다. 또한 청류관이나 옥류관처럼 버드나무를 뜻하는 '버들 류(柳)' 자를 넣은 이름이 많다.

　푸른 버드나무라는 이름처럼 청류관은 초록색 외관을 갖고 있었다. 보통강 변에 버드나무가 늘어서 있고, 그 뒤에 바로 온통 초록색인 큰 건물에 빨간색으로 '청류관'이라는 현판이 걸려 있다. 단숨에 시선을 사로잡는 청류관의 외관은 평양의 맛집이라는 위용을 드러내는 듯했다. 청류관은 지하층과 4층짜리 건물로 이루어져 있다. 지하층에는 주방이 있고 1층에는 국수류를 파는 식사실, 2층에는 떡국·메기탕 등 '민족요리'를 제공하는 식사실이 있다. 3층에는 사무실이 있고 4층에는 야외식사실이 있다.

　청류관에 들어서자 외관만큼 화려한 실내가 펼쳐졌다. 청류관은 옥류관보다 좀 더 고급스럽다고 알려져 있는데, 역시 그런 것 같았다. 높은 천장에는 샹들리에가 달려 있고 온갖 장식과 대리석 바닥 등이 인상적이었다.

서울의 맛집과 달리 평양의 맛집들은 하나같이 큰 규모가 인상적이었는데, 청류관만 해도 1000명을 수용할 수 있는 규모를 갖추고 있다. 사람이 다 찰까 싶은데 식사 시간이 되면 테이블이 꽉 찬다고 한다. 이렇다 보니 청류관에서 일하는 종업원만 300명이 넘는다. 음식마다 준비하는 주방이 나누어져 있을 정도로 주방의 규모도 크다.

우리는 국내 방송 최초로 청류관의 주방을 촬영할 수 있었다. 주방에 들어가니 가장 먼저 눈길을 사로잡는 건 김밥 기계다. 기계 위에 김과 밥, 재료를 올리면 기계가 대신 말아준다. 소박한 음식인 김밥마저 기계화되었다는 것이 흥미로웠다. 김밥 속은 햄과 단무지, 달걀지단 등 우리와 비슷한 듯 약간 달랐다.

여러 음식을 해내느라 분주한 주방에서 촬영을 하느라 우리도 덩달아 바빠졌다. '돼지고기토막찜'이라는 요리도 보인다. 말 그대로 돼지고기를 토막내서 찌는 요리다. 한쪽에서는 뱀장어 요리에 한창이다. 주방에서 만드는 음식들이 그리 낯

▼ 김밥을 자동으로 말아주는 기계

설지는 않았다.

청류관에서도 역시 냉면을 빼놓을 수 없다. 옥류관 냉면만큼 이곳 냉면도 유명하다. 냉면 주방은 마치 생산 레일이 돌아가는 공장과 같다. 면발을 뽑는 기계가 있고, 면발을 삶고 건지는 등의 공정을 여러 직원이 쭉 늘어서서 일사불란하게 처리한다. 모든 음식을 철저한 분업으로 만드는 게 인상적이다. 그도 그럴 것이, 옥류관에 버금가는 식당인 만큼 준비하는 양만 해도 엄청나다. 하루 5000명의 식사를 준비하는 대형 식당의 모습이 놀라웠다.

평양에 오면 꼭 맛봐야 하는 숭어국

냉면도 냉면이지만 여기에는 평양에 오면 반드시 먹어야 할 음식이 있다. 바로 숭어국이다. 우리에겐 생소한 이 음식은 대동강에서 잡은 숭어로 끓인다 해서 대동강 숭어국이라고 부른다. 숭어국 끓이는 모습을 지켜보았다. 조리 과정은 꽤 간단하다. 냄비에 숭어를 툭툭 토막 내서 넣고 고추, 파, 쑥갓, 감자 등 각종 채소와 두부를 넣어 끓인다. 처음에는 맑은 생선탕 같더니 곧 고추장과 된장이 섞인 양념장을 넣는다. 그 상태로 푹 끓이니 매운탕처럼 보이기도 했다.

"숭어는 동해와 서해에서 다 자라지만 그래도 대동강에서 자란 숭어가 맛이 좋습니다."

청류관에서 38년간 일한 조리과장 김현모 씨가 대동강 숭어에 대해 설명해주었다. 대동강 숭어는 살이 연하고 담백하며 비린내가 적다고 한다. 그래서 탕 요리를 하면 구수하고 '진맛'이 난다는 것

▲ 평양의 4대 음식 중 하나인 대동강 숭어국을 만드는 과정

이다. 대동강은 바닷물과 민물이 교차하는 곳이라 숭어가 자리 잡기에 적합하다. 그래서인지 대동강에서 나는 숭어는 맛이 좋기로 유명하다. 대동강 숭어국의 맛이 궁금해졌다. 고추장과 된장을 섞어 만든 양념장 덕분인지 구수한 맛이 난다. 달고 산뜻하면서도 감칠맛이 있다.

그러고 보니 남쪽에서는 생선국을 먹는 일이 드물다. 통영에서 봄이면 도다리를 넣어 쑥국을 끓이고 제주도에서 갈치국을 먹는 것이 떠오르긴 하지만 생선으로 국을 끓이는 일이 흔하지는 않다.

특히 서울에서는 낯선 음식이다. 하지만 북한에서는 평양냉면, 녹두지짐, 평양온반과 함께 평양의 4대 음식으로 바로 이 대동강 숭어국을 꼽는다.

북한 사람들은 '평양에 오면 숭어국은 먹고 간다'고 생각한다. 숭어국은 먹고 돌아가야 대접받았다고 자랑할 수 있다는 것이다. 반대로 숭어국을 못 먹었다면 평양에 다녀왔다고 말할 수 없다고 한다. 농담처럼 하는 말이겠지만 평양 시민들이 가진 숭어국에 대한 자부심이 얼마나 큰지 엿볼 수 있었다.

그런데 우리가 본 대동강 숭어국은 이전과 달라진 것이라고 한다. 2007년 2차 남북 정상회담 당시 평양을 찾았던 한국전통음식연구소 윤숙자 소장은 당시 먹은 대동강 숭어국을 기억하고 있었다. 당시의 숭어국은 비린내를 없애기 위해 통후추와 고수를 듬뿍 넣어 담백하고 맑게 끓인 국이었다고 말한다. 지금처럼 두부나 채소를 많이 넣지 않고 훨씬 더 숭어라는 주재료에 집중한 형태였다. 그런데 왜 양념장을 넣기 시작한 걸까? 비린 맛을 조금 더 잡기 위해서일 수도 있지만, 무엇보다 평양 사람들의 입맛이 변했기 때문일 것이다. 평양 시민들 역시 좀 더 매콤하고 자극적인 맛을 좋아하는 추세인 것으로 보인다.

조선 시대에 나온 《식료찬요(食療纂要)》나 《규합총서(閨閤叢書)》, 일제강점기의 《조선요리제법(朝鮮料理製法)》 같은 책을 보면 우리 옛 음식에는 주로 양념을 많이 하지 않았다. 주재료의 맛을 내고자 노력했고 담백한 맛을 추구해왔다. 그러나 근대를 지나고 현대로

2007년

2018년

2007년의 대동강 숭어국은
통후추와 고수를 넣어 맑게 끓인 국이었으나
2018년의 대동강 숭어국은
양념장을 넣고 재료도 풍부해졌다.
10년간 평양 사람들의 입맛도 바뀐 것이다.

오면서 음식은 점점 더 맵고 짜게 변해왔다. 바쁜 일상에 스트레스를 많이 받은 탓일 수도 있고, 좀 더 다양한 미각을 즐기기 위해서일 수도 있다. 남한에서도 매운맛이 유행한 지는 꽤 되었다. 사람들은 점점 맵고 자극적인 맛을 찾는 것처럼 보인다. 그게 남한뿐 아니라 북한도 마찬가지라는 것이 흥미롭다. 서로 환경은 달라도 변화의 줄기는 하나인 듯하다.

옛 형태를 간직한 평양 불고기

청류관은 불고기로도 유명한 식당이다. 평양의 소는 맛있기로 유명해서 옛날 문헌에서도 평양 소를 최고로 쳤다고 한다. 평양은 남쪽 지역보다 겨울에 더 춥고 일교차가 큰데, 일교차가 큰 곳의 소고기는 지방이 더 발달한다. 그렇다면 평양 소로 만드는 평양 불고기는 어떤 모습일까? 서울식 불고기와 어떻게 다를까?

청류관의 주방에서 평양 불고기는 어떤 식으로 만드는지 물어봤다. 우선 불고기에 쓰기 가장 좋은 부위는 안심이라고 한다. 안심이 가장 연해서 좋지만 양이 적은 게 흠이다. 그다음으로 좋은 게 등심이다. 등심은 양이 많고 크며 보기도 좋다. 그 외에 목살, 다리살 등 여러 부위로 불고기를 할 수 있다. 청류관에서는 등심을 기본으로 쓴다. 등심은 힘줄이 적고 연해서 불고깃감으로 매우 좋다고 한다.

주방에서 불고기를 만드는 과정을 지켜봤다. 우선 고기를 얇게 썰어야 한다. 얇게 썰었다고 하지만 우리가 먹는 불고기에 비해서는 두툼하다. 그런 다음에는 고기를 망치로 쳐서 더 얇게 편다. 마

▲ 고기를 일일이 두드리고 힘줄을 자른 후 양념장에 재우는 평양 불고기

치 돈가스를 만들 때처럼 일일이 망치로 두드린다. 그런데 여기서 끝이 아니다. 이번에는 칼로 고기를 두드리기 시작한다. 고기 힘줄을 끊어 더 부드럽게 만드는 작업이다. 생각보다 손이 많이 가는 작업을 기계를 사용하지 않고 처음부터 끝까지 손으로 다 한다.

　그런 다음에는 양념을 해야 하는데 양념은 서울식 불고기 양념과 별반 다르지 않다. 불고기 양념의 기본은 간장과 설탕이다. 단맛을 내기 위해 과일즙을 활용하는 것도 서울식 불고기와 똑같다. 배를 깎아서 강판에 갈아 양념에 넣는다. 북한에서도 배가 많이 나서 보통은 배를 기본으로 하지만 사과나 귤을 넣어도 된다고 한다. 고기 누린내를 제거하기 위해 술을 넣고 다진 파와 마늘, 후춧가루를 넣는다. 또 참기름을 충분히 넣어야 고기가 연해지면서 향기롭다. 이렇게 하면 평양식 불고기 양념이 완성된다.

이제 양념에 고기를 하나하나 재어놓는다. 고기 한 장 올리고 양념 바르는 식으로 켜켜이 쌓는 것이다. 고기를 얼마나 재워놓아야 할까? 보통 20~30분가량 재우지만 이것은 계절에 따라, 주방의 온도에 따라 달라진다고 한다. 추운 겨울철에는 고기를 조금 더 오래 재워놓아도 괜찮지만 여름에는 너무 오래 재우면 못 쓰게 되기 때문이다. 마지막으로 불고기를 구울 때는 숯불을 사용해야만 청류관이 자랑하는 그 맛을 낼 수 있다고 한다.

불고기의 원류는 너비아니라고 볼 수 있다. 너비아니란 고기를 넓적넓적하게 저민다는 뜻이다. 이처럼 같은 뿌리에서 시작되었으나 분단 후 서울식 불고기는 많이 변해왔다. 고기는 더 얇아졌고 육수가 우러난 잘박한 국물에 밥을 비벼 먹기 좋은 형태가 되었다. 그에 비해 평양식 불고기는 좀 더 두껍고 국물도 없다. 양념에 살짝 재웠다가 숯불에서 바로 구워 먹는다. 옛날 너비아니에 더 가까운 형태를 유지하고 있는 것이다.

지하 주방에서 나선형 계단을 따라 올라가면 식사실이 나온다. 가족, 친구, 동료끼리 와서 숭어국을 먹기도 하고 불고기를 구워 먹기도 한다.

평양 지방에는 1920년대부터 냉면을 불고기와 함께 먹는 문화가

서울

평양

평양 불고기는 국물 없이 숯불에 구워 먹는 반면
서울식 불고기는 자작하게 우러난 육수를 밥과 함께 먹는다.
불고기의 옛 형태를 유지하고 있는 평양식에 비해
서울식은 좀 더 변형되었다.

있었다. 북한 최고의 요리 전문가로 알려진 김영일 조선요리협회 연구사는 냉면과 불고기가 잘 어울리는 음식이라고 말한다. 기름기 많고 진한 불고기를 먹은 뒤 후식으로 냉면을 먹으면 시원하고 깔끔해서 평양 사람들이 이 조합을 아주 좋아한다는 것이다. 서울에도 불고기를 함께 파는 평양냉면집이 많다. 따뜻한 불고기와 시원한 냉면의 조합은 찰떡같은 궁합을 자랑한다.

◆ 대동강 숭어국과 평양 불고기 ◆

남한의 요리 전문가들은 평양의 음식을 어떻게 보았을까. 대동강 숭어국과 평양 불고기를 비롯한 평양 음식에 대해 물어보았다.

윤숙자 요리연구가: 북한 요리는 푸짐하면서 소담해요

2007년 남북 정상회담 때 노무현 대통령을 모시고 평양에 갔었습니다. 그때 북한에서 만찬을 내는 걸 자세히 봤는데 대체로 큰 재료들을 많이 쓰더라고요. 예를 들면 거위나 돼지고기, 잉어, 숭어 같은 것들이지요. 특히 잉어뱃살찜이라는 요리가 인상적이었어요. 잉어 뱃살을 찜기에 쪄서 접시에 담고 그 위에 소스를 얹는데 소스는 밀가루에 물과 간장을 넣어 간을 맞추어 만들고요. 아주 푸짐하면서 소담해 보였습니다. 고명을 요란하게 얹지도 않고 여러 가지 양념을 쓰지도 않은, 정말 전통적인 모습이 보였어요.

대동강 숭어국도 원래는 맑고 담백하게 끓이는 거였는데 이번에 보니 양념장을 넣고 얼큰하게 끓이는 매운탕으로 변했더라고요. 아마 비린 맛을 좀 더 잡기 위한 것이거나 요즘 사람들이 매운맛을 좋아하는 게 아닌가 싶어요.

숭어는 굉장히 열정적인 생선이에요. 강을 거슬러 올라갈 수 있을 정도로 힘이 세고 아주 용감한 생선이라고 어른들은 말하세요. 그러다 보니 생선살도 좀 조밀하고 단단해서 쫄깃해요. 영양 면에서도 우수해서 보양식으로 먹어도 손색이 없죠.

예종석 음식문화평론가: 대동강 숭어국은 원초적인 음식이죠

숭어국은 원초적인 음식이라고 볼 수 있어요. 남쪽에서는 생선으로 매운탕을 끓이지만 국을 해 먹는 경우는 드물어요. 제주도에 가면 갈치국을 먹는데 이색적인 음식, 제주도 토속 음식으로 치부되잖아요. 또 통영에 가면 도다리쑥국을 먹지만 생선으로 국을 끓이는 경우가 드물어요. 비린내를 잡기가 쉽지 않기 때문이죠. 더군다나 서울에 숭어국을 파는 곳은 없어요.

대동강 숭어국은 단순해요. 숭어를 토막 내서 넣고 육수와 두부를 넣어 끓이는데 조리 과정이 복잡하지 않죠. 그런데 비린내를 절묘하게 잘 잡는 요리법이 뛰어나요. 대동강에서 사는 숭어라고 강조하는 걸 보면 지역음식으로 특화하려는 노력이 보여요.

한복려 궁정음식연구원장: 원류는 같지만 남북이 다르게 발전했어요

불고기라는 음식 전에 너비아니가 있었어요. 고기를 두툼하게 저며서 연하게 만든 다음에 양념에 재워뒀다가 바로 구워 내는 형태를 너비아니라고 하죠. 북한에서는 여전히 너비아니 형태를 가지고 있고 그것을 불고기라고 부르는 것 같습니다.

너비아니에서 더 거슬러 올라가면 고구려의 맥적으로 갈 수 있어요. 중국에서 봤을 때 고구려 북방민족을 '맥족'이라고 했고 맥족이 먹는 고기 요리를 '맥적'이라고 불렀죠. 그 시대에는 지금처럼 사육하는 연한 고기가 있는 게 아니라 산짐승이나 질긴 고기가 많았어요. 그게 소고기인지 돼지고기인지는 정확하게 알려져 있지 않아요. 어쨌든 그런 고기를 연하게 먹으려고 간장 같은 양념에 재워 놓았는데요. 서양 조리법으로 보면 '마리네이드(marinade)'를 하는 거죠. 양념에는 파, 마늘과 꿀이나 엿, 술 같은 걸 넣지 않았을까 짐작합니다.

한편 우리는 1950~1960년대 이후에 외식으로 고기를 불판 위에 구워 먹기 시작하면서 불고기라는 말을 쓰게 되었고요. 불고기는 외식으로 먹는 고기구이라는 인식이 생겼습니다. 식당에서 먹을 때는 빨리 익혀서 먹을 수 있어야 하니 고기가 얇아졌죠. 또 우리 민족은 국물을 좋아하다 보니 고기 육수까지 함께 먹는 방법으로 발전했다고 봅니다. 물론 지금도 불고기를 직화 구이로 해 먹기도 해요.

남쪽의 불고기는 계속 변화하고 있어요. 요즘은 1인용으로 뚝배기불고기가 나오고 밥 위에 얹어서 불고기덮밥을 먹기도 하죠. 불고기에다 채소를 더해서 샐러드로 먹기도 하고요. 하지만 소고기를 간장 양념에 재워서 굽는다는 기본은 똑같아요. 북한도 우리와 똑같은 뿌리에서 나온 음식을 먹어요. 서로 단절되어 있다고 해서 음식마저 단절된다고는 생각하지 않습니다.

하루에 냉면 1만 그릇, 옥류관

　메밀 향 가득한 국수에 동치미와 고기 육수를 섞은 국물, 슴슴하지만 오래 음미할수록 깊은 맛이 느껴지는 평양냉면의 매력에 스며든 사람이 많다. 그런데 스스로를 '평양냉면 마니아'라 지칭하며 서울 시내의 평양냉면집들을 순회하는 사람들도 가볼 수 없는 단 한 곳이 있다. 원조 평양냉면의 '성지'와 같은 평양의 옥류관이다. 서울 평양냉면집에서 만난 사람들은 평양에서 원조 평양냉면을 먹어보고 싶다는 소망을 품고 있었다.

　서울과 평양, 두 도시는 냉면으로 이어져 있다. 평양 대동강 변은 예부터 평양냉면의 중심지였다. 그 인기는 조선 시대까지 거슬러 올라간다. 18세기 후반의 평양을 그린 〈기성전도〉를 보면 버드나무가 흐드러지게 늘어선 대동강 변이 오늘날과 다름없어 보인다. 대

冷 냉
麺 면
家 가

▲ 평양성 일대를 그린 〈기성전도〉

◀ 대동문 등 명승지와 함께 표기되어 있는 향동의 냉면가

동강을 따라 배가 드나드는 길목으로 올라가다 보면 놀랍게도 '냉면가'라고 표시된 구역이 있다. 훗날 냉면 거리도 대동문 앞에 형성됐다.

평양의 대표 맛집, 옥류관

평양냉면의 역사는 200년 전부터 대동강과 함께 흐르고 있다.

평양냉면 하면 떠오르는 곳, 옥류관도 대동강 변에 자리 잡고 있다. 옥류관은 '구슬 옥(玉)'에 '버들 류(柳)'. 구슬같이 흐르는 대동강 물 위, 버들이 늘어진 길에 지어진 집이라는 뜻이다. 옥빛 대동강 물 위로 옥류관의 푸른 지붕이 파란 하늘을 떠받치고 있다. 건물 네 채가 하나로 이어진 그 큰 규모에 놀라지 않을 수 없다.

남한 사람들이 북한을 방문하면 항상 옥류관에 들르는 것에서

▼ 늘 사람들로 북적이는 옥류관

알 수 있듯이 옥류관은 해외 귀빈들을 초청하는 상징적인 곳이다. 그러면서도 대중적이다. 평양 시민들이 즐길 수 있을 정도로 가격의 문턱이 낮은 편이다. 소문대로 옥류관 앞은 인산인해를 이뤘다. 옥류관은 한 번에 2000명을 수용할 수 있는데도 식사 시간이 되면 1시간씩 줄을 서서 먹을 정도라고 한다. 평양 시민들도 인증샷을 찍고 있는 걸 보니 그들에게도 이곳이 상징적인 곳이라는 것을 알 수 있었다.

로비에 들어서면 큰 수족관을 만날 수 있다. 다양한 어종 중에서도 눈에 띄는 것은 철갑상어다. 2009년에 철갑상어 메뉴를 추가하면서 식당 곳곳에 수족관을 설치했다고 한다. 철갑상어 외에 메추리 요리, 자라 요리 등도 제공하고, 남새(채소) 볶음밥, 스파게티, 피자 같은 외국 요리도 있다.

본관 연회장에 들어서니 천장의 샹들리에와 바닥의 꽃문양이 화려함을 뽐낸다. 테이블에는 손님이 들어오기 전부터 이미 음식이 차려져 있다. 고기쟁반국수라는 음식이다. 이것은 소의 뱃살로 만든 어복쟁반을 본떠 닭고기로 만든 고기쟁반인데, 여기에 면을 더하면 고기쟁반국수가 된다. 지배인에게 물어보니 어복쟁반은 고난의 행군 시기를 거치며 고기쟁반국수가 되었다고 한다. 당시 소고기를 먹기가 힘드니 닭고기로 바꿔 변형한 모양이다. 그렇게 탄생한 고기쟁반국수는 최근 평양에서 인기 있는 국수라고 한다. 닭고기와 면을 푸짐하게 먹을 수 있고 쫄깃한 면발과 매콤한 국물을 함께 즐길 수 있다. 우리 식으로 말하면 가성비 좋은 음식이 아닐까?

▲ 최근 평양에서 인기 있는 고기쟁반국수

　어복쟁반은 원래 평양의 향토 음식이다. 놋쟁반에 갖가지 육류와 채소를 담고 육수를 부어가며 먹는 일종의 전골인데 서울에도 어복쟁반을 하는 집이 꽤 있다. 보통은 소의 편육을 넣어 초장에 찍어 먹고 고기와 채소를 거의 다 먹으면 국수사리를 넣어 먹는다. 추운 평양 지역에서는 한겨울이 되면 여럿이 둘러앉아 따뜻한 어복쟁반을 먹었다고 한다. 이 음식이 평양 상가에서 발달했다는 유래도 있다. 이해관계에 얽힌 사람들이 이 어복쟁반을 같이 먹다 보면 어느새 적대감이 사라지고 까다로운 흥정도 잘 마무리할 수 있었다는 것이다. 여기에 술 한잔까지 곁들이면 껄끄러운 사람들 사이에도 긴장을 풀어주는 평화의 음식이 바로 어복쟁반인 듯하다.

　연회장에 들어온 손님들이 고기쟁반국수를 먹기 시작한다.

　"우리는 여기 오면 고기쟁반국수만 찾습니다."

화력발전소 회계과에 근무한다는 중년 여성은 동료들과 함께 이곳을 자주 찾는다고 한다. 그런데 식사를 하기 전에 술잔부터 든다. '선주후면(先酒後麵)'이라고 해서, 평양에서는 손님에게 술을 먼저 대접한 후에 면을 내놓는다. 손님들이 마시고 있는 술은 '평양소주'로 명주로 꼽힌다고 한다. 술을 한 잔씩 하고 있으면 국수사리가 나온다. 국수사리를 적당히 덜어 고기쟁반국수에 넣고 육수를 추가한다. 겨자와 식초도 넣어 비비다시피 해서 먹는다.

변화하는 평양냉면

평양이 가장 자랑하는 음식, 옥류관 평양냉면은 소고기, 돼지고기, 닭고기로 뽑은 육수를 사용한다. 옥류관은 고유한 평양냉면 기술을 가지고 있다. 요리 전문 식당 2층에 평양냉면을 만드는 주방이 있다. 하지만 주방을 보는 건 관계자들 외에는 허락되지 않는다고 한다. 첫째는 위생, 둘째는 육수의 비밀을 지키기 위해서다. 우리는 창 너머로 옥류관의 주방을 엿볼 수 있었다.

주방 앞에는 '봉사성'이라는 글씨가 붙어 있다. 북한에서는 '서빙'을 '봉사'라고 부른다. 그 밑에는 소고기와 돼지고기, 닭고기 고명의 분량이 자세히 적혀 있다. 주방에서 스무 그릇

▼ '봉사성'이라고 불리는 옥류관 주방

정도의 냉면을 만들어 한꺼번에 카트에 싣고 아래층 식사실로 가져간다. 음식을 나르는 엘리베이터도 따로 있다.

냉면을 먹는 손님들을 지켜보니 한 사람당 두 그릇은 기본이다. 문밖에서 기다리는 사람도 여전히 많다. 대체 옥류관의 평양냉면은 하루에 몇 그릇이나 나가는 걸까? 2011년부터 이곳에서 근무했다는 지배인 명예화 씨는 "우리 옥류관에서는 대체로 하루에 만 기(器) 봉사합니다. 만 기면 5000명 정도에게 봉사한다고 보면 됩니다"라고 설명했다.

1인당 국수 두 그릇이니까 하루 1만 그릇. 다양한 음식과 다채로운 국수가 있지만 유독 평양냉면이 하루 1만 그릇 나가는 데는 이유가 있지 않을까?

평양냉면의 기본 특징은 우선 순수 메밀로 만든 국수라는 점이다. 그래서 옛날부터 평양 순면이라고 이야기한다. 평양냉면의 기본 원료를 이루는 메밀에는 필수 아미노산 함량이 높고 광물질 K, 루틴, 알코올을 분해하는 콜린 등이 들어 있어서 뇌혈전과 출혈성 질병, 노화 방지에 좋다. 술 마신 다음 날 많은 이들이 평양냉면을 떠올리는 것이 이해가 가는 대목이다. 뿐만 아니라 소화도 잘된다. 북한에서 평양냉면은 장수 식품으로 꼽힌다.

또한 옥류관에서는 평양냉면을 여느 그릇이 아니라 놋그릇에 담아서 '쩡하게(시원하게)' 먹을 수 있도록 한다. 평양냉면의 풍미를 돋우는 꾸미(고명)와 담담하고 쫄깃한 국수사리, 이들을 부드럽게 감싸는 육수, 이 모든 것을 시원하게 담아내는 놋그릇이 어우러져

평양의 냉면은 서울의 평양냉면보다
꾸미가 많이 올라가고 면의 색깔이 짙다.
서울에서는 옛 평양냉면의 모습을 유지하는 반면
평양에서는 메밀의 함량이 줄어드는 등 변화하고 있다.

평양냉면만의 맛을 보여준다.

옥류관 지배인이 알려준 평양냉면 잘 먹는 법도 흥미롭다. 먼저 평양냉면이 나오면 고명을 옆으로 밀어 넣는다. 그런 다음 국수사리를 젓가락으로 들어올려 식초를 구미에 맞게 친다. 식초를 육수에 치지 않고 사리에 치는 것이다. 식초를 뿌리면 육수 맛을 해치지 않으면서 면에 탄성이 생겨 좀 더 색다르게 먹을 수 있다. 마지막으로 고춧가루를 자기 구미에 맞게 치고 겨자를 넣어 골고루 저어서 먹으면 된다.

서울에서는 평양냉면엔 아무것도 넣지 말고 먹어야 한다는 평양냉면 '순수성'에 관한 논쟁이 한창이던 때라 더욱 충격적인 장면이 전파를 탔다. 2018년 4월 남한예술단이 평양 옥류관을 방문했을 때 평양냉면에 양념장을 넣어 먹는 모습이 나온 것이다. 평양에서는 평양냉면을 매콤하게 먹는다는 걸 새롭게 알게 됐다.

우리는 옥류관에서 평양냉면이 아닌 다른 국수도 발견했다. 널찍한 그릇에 담겨진 쟁반국수였다. 많은 사람이 평양냉면이 아니라 쟁반국수를 먹고 있었다.

쟁반국수와 평양냉면, 뭐가 다른 걸까? 쟁반국수는 말 그대로 쟁반에다 담았다고 해서 쟁반국수라고 한다. 평양냉면과 달리 양념장에 버무려서 골고루 펴고 꾸미를 넣고 국물을 약간 넣어서 얼얼하고 구수하게 먹는 국수다.

우리가 옥류관과 평양냉면을 보는 시선은 북한을 보는 시선만큼 고정되고 단편적인지 모른다. 그러나 옥류관에는 우리가 몰랐던

▲ 넓찍한 그릇에 담아 양념장에 버무려 먹는 쟁반국수

새로운 맛이 있었다. 평양냉면의 형태나 즐기는 방법도 예상과 달랐다.

모든 맛은 변한다. 정치·사회·경제적 조건에 따라 입맛이 변하고, 그에 따라 음식도 변한다. 평양냉면도, 그 냉면에 뿌리를 둔 다양한 국수도 모두 변하고 있는 오늘의 평양을 보여준다. 그러는 동안 휴전선 너머 서울에서는 해방 전 평양냉면의 맛을 간직하려고 애써왔다. 북한 실향민들이 1950~1960년대에 만들었던 냉면의 형태를 지금 오히려 서울은 지키고 있다.

서울과 평양, 어쩌면 서로 닿을 수 없는 곳을 그리며 한쪽은 지키고 한쪽은 변화해온 것이 아닐까. 그리고 그 중심에 평양냉면이 있다. 한민족 DNA에 새겨진 하나의 입맛, 그 기억과 본능의 맛이 서울과 평양을 긴 면발로 잇고 있다.

평양냉면은 서울과 평양을 이어주는 음식이다.
그러나 옥류관의 평양냉면은 변화하고 있으며,
변형된 다양한 국수도 탄생하고 있다.

◆ 평양냉면의 모든 것 ◆

평양의 대표적 음식인 평양냉면에 대해 남한 요리 전문가들에게 물었다. 전문가들이 기억하는 평양냉면은 어떤 맛일까.

▌예종석 음식문화평론가: 잔칫상에 올라온 음식 같았어요

10여 년 전에 대한적십자사 방북단의 일원으로 한 번은 평양, 한 번은 금강산을 갔습니다. 특히 평양에서 좋다는 식당은 다 가봤습니다. 고려호텔 냉면집도 유명해서 갔었고, 민족식당, 청류관에도 갔었죠. 옥류관은 평양뿐 아니라 중국이나 동남아에 있는 지점까지 여러 번 갔습니다.

잘 알다시피 북한 음식들은 옛 모습을 많이 간직하고 있습니다. 냉면만 해도 서울의 냉면은 단순하고 풍미도 화려하지 않은, 세련된 모습이라고 할 수 있어요. 사회가 발전하면서 음식도 모양이 달라진 거죠. 서울에서 소위 유명하다고 하는 평양냉면은 발전에 발전을 거듭해서 고급화된 경지에 이르렀어요. 메밀 함량도 높고 고기 육수를 써서 고기 향이 진해요.

냉면의 원형은 북의 가정에서 해 먹던 음식인데 예전의 형편을 고려하면 지금처럼 고기 육수를 쓸 수는 없었죠. 동치미 육수에 집에서 뽑은 면을 말아서 먹던 음식이었어요.

반면 북한의 냉면은 달걀지단에 닭고기, 돼지고기, 소고기가 다 올라가고 굉장히 화려해요. 마치 시골 잔칫상에 올라온 음식 같아요. 면의 함량도 서울의 냉면이 오히려 메밀이 훨씬 많이 들어가 있어요. 메밀 함량이 높으면 면이 툭툭 끊어집니다. 그런 맛을 서울의 젊은 분들이 좋아하기 시작했죠.

서울의 평양냉면에 익숙해졌다가 처음 평양에서 냉면을 먹었는데 메밀 함량이 적더라고요. 그런데 북한도 세태가 변해서 젊은 사람들이 쫄깃한 면을 좋아하니 전분을 많이 넣게 되었다고 하더군요. 그 설명을 듣고 보니 그럴 수 있겠다는 생각이 들었어요.

▌윤숙자 요리연구가: 평양냉면은 담백하지만 육향이 느껴져요

옥류관의 냉면은 메밀 면의 색깔이 우리보다 좀 검은 듯했고 면발이 아주 구수했어요. 특히 육수가 궁금했는데 거기는 육수 반, 동치미 국물 반을 섞었더군요. 처음 맛을 봤을 때는 너무 밍밍한 것 같았는데 중간쯤 먹다 보니 담백하지만 육향이 느껴졌어요.

원래 전통적인 평양냉면은 메밀가루와 전분이 8:2 정도로 들어가요. 그러니까 메밀의 맛이 더 났었죠. 그런데 제가 먹었을 때는 전분이 조금 더 들어가서 약간 쫄깃하면서 부드러웠어요. 그래서 제가 물어봤더니 지금 옥류관 면의 비율은 메밀 4, 전분 6 정도라고 하더라고요. 왜 그렇게 변했냐고 재차 물었더니 요즘 사람들은 잘 끊기는 메밀 면은 좋아하지 않는다고 하더라고요. 또 북한은 감자가 많이 나기 때문에 감자전분을 많이 활용하는 식으로 변해왔다고 하더군요.

또 면을 만들 때 식소다를 넣어 반죽하더라고요. 식소다는 소화를 도와주기도 하고 면발을 탱글탱글하게 만들기 위해 넣는 것 같아요. 그래서 면의 색깔이 좀 검은 것 같고요. 제가 식소다를 넣은 메밀 면과 넣지 않은 메밀 면을 실제로 만들어봤더니 식소다를 넣은 면이 더 진한 색이 되더라고요.

박찬일 셰프: 북한 평양냉면도 변화했죠

평양냉면은 북한의 자랑이죠. 그만큼 신경도 많이 써요. 그런데 북한의 책을 통해 취재를 하다 보니 고난의 행군 시기에 냉면에 전분이 많이 들어가게 됐다고 해요. 전분이 60퍼센트 정도 들어가는 걸로 알고 있어요. 옛날에는 7:3 혹은 6:4 정도로 메밀이 더 많이 들어갔어요. 그런데 메밀은 열량이 높은 작물이 아니거든요. 그러니 고난의 행군 시기에는 메밀보다 고구마 같은 구황작물을 더 많이 심어야 했겠죠. 메밀 생산량이 줄어들다 보니 냉면의 배합도 바뀌게 되고요.

지금은 냉면의 모습도 옛날보다 더 화려해졌어요. 냉면을 다른 음식에 곁들여 먹기보다 그 자체로, 한 그릇에 모든 걸 담는 형식으로 바뀐 것 같아요. 아무래도 냉면을 국가를 대표하는 음식으로 여기다 보니 그 모습이 화려해진 거죠. 옥류관의 냉면 그릇을 보면 넓고 얕습니다. 깊은 그릇을 쓰면 육수나 면이 많이 들어가야 하니 깊이는 얄게 하고 넓이는 넓게 했죠. 그래야 여러 고명을 올려 화려하게 보일 수 있으니까요. 여러 가지 색깔의 육류, 채소, 달걀까지 돌려 담기를 해서 마치 구절판 같죠.

반면 서울에서는 북한 실향민들이 만들었던 옛날 냉면의 형태를 지금도 거의 지키고 있어요. 평양에서는 냉면에 양념장을 넣기 시작했는데 오히려 서울 사람들은 담백하고 슴슴한 냉면 맛을 좋아하죠.

냉면 맛을 결정짓는 건 결국 육수예요. 면도 좋아야 하지만 육수를 들이켰을 때 감칠맛 있으면서 시원한 맛이 나야 합니다. 이때 육수 맛의 핵심은 결국 소고기예요. 여러 고기나 동치미를 배합해서 육수를 만들 수 있지만 그 중심에 있는 건 소고기입니다. 그렇기 때문에 당연히 평양우라는 소고기의 맛은 냉면 육수에 영향을 줍니다. 고기의 질이 좋지 않다면 육수의 맛은 당연히 떨어지겠죠.

북한은 겨울에 춥고 일교차가 큰데 그런 지역의 소고기는 지방이 더 발달해서 맛있어요. 그래서 일제시대에 일본이 평양우를 많이 침탈해 갔어요. 일본이 자랑하는 와규에 아마 평양우의 혈통이 있지 않을까 생각합니다. 그 정도로 평양우는 맛있는 소입니다.

또 고기와 냉면을 같이 먹는 문화가 북한에도 여전히 있을 거예요. 옛날부터 그렇게 먹었으니까. 불고기를 먹고 냉면으로 입가심을 하면 개운하겠죠. 영양학적으로도 풍부하고 균형이 맞아요.

높은 건물들이 즐비한 여명거리는
서울의 강남 같은 분위기로,
도시 특유의 화려함이 눈길을 사로잡는다.

평양온반과 서울 설렁탕

　지난 2000년 1차 남북 정상회담 때 평양을 방문한 김대중 전 대통령이 칭찬한 평양 음식이 있다. 역시 평양의 4대 음식 중 하나인 평양온반이다. 이름을 들어본 적은 있겠으나 우리에게 그리 익숙한 음식은 아니다. 평양이 자랑하는 또 하나의 음식, 평양온반을 찾아 평양의 강남이라 불리는 여명거리로 향했다.

　여명거리에 가면 북한에서 가장 높은 건물들이 즐비하다. 그 사이에서 우리가 찾은 곳은 바로 온반집. 군더더기 없이 '려명거리 온반집'이라고만 써놓은 상호가 눈에 띈다. 고층 복합 건물의 1~3층에 자리 잡은 이 식당 앞에는 문 열기 전부터 사람들이 줄지어 서 있었다. 맛집은 맛집인가 보다. 남한의 강남 같은 거리에 위치해서인지 손님들도 엘리트층으로 보이는 사람이 많았다.

식당 입구에는 '종합봉사안내'라는 안내판이 걸려 있어 각 층에서 무엇을 제공하는지 적혀 있었다. 1층은 평양온반과 각종 요리, 2층은 선술·떡국·소내포국밥·청량음료를 제공한다고 쓰여 있다. 그리고 3층에서는 각종 전자제품에 대해 '정보기술봉사'를 한다고 되어 있다. '휴대용콤퓨터, 수자식 액정 TV, 판형콤퓨터, 인쇄설비, 특화설비, 증폭기' 등이 쓰여 있는 걸 보니 전자제품 서비스센터인가 보다. 식당과 서비스센터가 함께 있는 것이 이채롭다.

우리는 모든 층을 다 둘러보지는 못했다. 온반을 맛보러 왔으니 1층으로 갔다. 큰 홀이 하나 있고 단체손님을 위한 방이 서너 개 있었다. 실내 장식은 청류관처럼 화려하지는 않았지만 단정한 느낌이었다.

정성을 담은 평양온반

주방으로 들어서니 막바지 준비가 한창이다. 한 그릇 안에 밥을 담고 온갖 재료를 올린다. 여기까지는 우리가 먹는 비빔밥이나 덮밥류와 별다를 바 없어 보인다. 그런데 거기에다 육수를 붓더니 녹두지짐까지 하나 척 얹는 게 아닌가. 어째서 이런 요리 형태가 나온 걸까? 이 평양온반에는 재미있는 유래가 있다.

평양에 살던 형달과 의경이라는 연인이 있었다. 어느 추운 겨울날 형달이 억울한 누명을 쓰고 옥에 갇히게 되었다. 의경은 감옥에서 떨고 있을 연인을 위해 밥에 여러 가지 찬을 넣고 뜨거운 국물을 부어 갖다 주려 했다. 그런데 가만히 생각해보니 가는 도중에 밥

▲ 애달픈 연인의 사연이 담긴 평양온반의 유래

이 식을 것 같았다. 그래서 그 위에 지짐을 이불처럼 덮었다. 그렇게 해서 가져다준 이 음식을 춥고 배고픈 형달은 게 눈 감추듯 맛있게 먹었다고 한다. 그리고 드디어 형달이가 형을 마치고 나와서 잔치를 하는 날 온 마을 사람들에게 맛있는 온반을 대접했다. 그때부터 백년가약을 맺는 처녀, 총각들의 결혼식 날 온반을 만들어 대접하는 풍습이 생겼다고 한다. 평양온반은 잔치음식의 대명사가 되었고 지금까지도 든든한 한 끼가 되고 있다.

평양온반은 보기엔 소탈한 한 그릇이지만 그 속엔 정성을 담은 푸짐한 재료가 가득 담겨 있다. 무엇보다 평양온반의 맛을 결정짓는 것은 바로 육수다. 닭고기와 돼지고기를 7:3의 비율로 넣어 육수를 우려낸다. 돼지고기와 닭고기를 섞어서 맛을 더 구수하게 낼 수 있다고 한다. 고기가 익어서 떠오르기 시작하면 거품을 깨끗하게 걷어줘야 달고 맛있는 육수가 된다. 간은 소금과 간장으로 한다.

육수를 낸 닭고기와 돼지고기는 잘게 찢어 밥 위에 올린다. 그 위에 버섯 같은 채소를 함께 올려준다. 평양온반의 화룡점정은 바로 녹두지짐! 온반에 올리는 녹두지짐은 녹두를 잘 갈아서 녹두의 푸른색을 살려 노릇노릇하게 구워준다.

서울에서는 녹두지짐이라는 말보다는 빈대떡이라고 주로 부른다. 그런데 채소와 돼지고기가 들어가는 서울의 빈대떡과는 달리 평양의 녹두지짐에는 다른 재료는 일절 들어가지 않고 오직 녹두만 갈아 굽는다. 그래서 마치 팬케이크처럼 보인다. 녹두지짐을 굽는 데 중요한 건 기름이다. 돼지기름으로 구워야 구수한 평양 녹두지짐의 맛을 살릴 수 있다고 한다. 이곳에서는 온반을 하루에 500그릇 정도 판다. 매일 온반 한 그릇당 지짐 한 짝씩 올려놓으니까

▼ 녹두가루만 넣어 팬케이크처럼 굽는 녹두지짐

▲ 밥 위에 각종 고명과 녹두지짐을 올리고 육수를 부어 만드는 평양온반

녹두지짐도 500장씩 지지는 셈이다. 녹두지짐을 올리고 나면 그
위에 노란 달걀지단까지 살포시 올려준다.

　주방은 분업화되어 있다. 밥 짓는 사람과 고기 삶는 사람, 삶은
고기를 찢는 사람, 양념 만드는 사람, 양념을 고명에 올리는 사람,
녹두지짐을 지지는 사람, 지단을 만드는 사람 등 분야별로 나눠 하
나의 온반을 완성한다.

　모든 준비 과정이 끝나면 영업 시작을 알리는 문이 열린다. 평양
에선 이걸 '봉사를 시작한다'고 말한다. 식당 입구에서 기다리던

손님들이 물밀듯이 밀려들어온다. 오래 기다릴 필요도 없이 바로 음식이 나온다. 대부분의 손님들은 직장이나 지역에서 주는 배급표로 식사를 한다.

손님들이 자리에 앉으면 카트에 잔뜩 실린 온반들이 줄지어 나온다. 육수는 손님에게 서빙한 뒤 테이블에서 부어준다. 따끈하게 먹을 수 있도록 하기 위해서다. 그런데 1번 테이블에는 '영웅자리'라고 쓰인 팻말이 올려져 있다. 교수나 박사들이 오면 언제라도 첫 자리에 앉도록 대우해준다고 한다. 일종의 우대석인 셈이다.

우대석에 앉은 사람이건 일반석에 앉은 사람이건 이곳에서는 모두 온반 한 그릇과 물김치를 먹는다. 평양온반은 남녀노소 누구나 좋아한다. 노인도 어린아이도 부드럽고 구수한 이 국밥을 시원한 백김치와 함께 맛있게 먹는다. 어떤 맛인지 궁금하다면 닭곰탕을

▼ 일종의 우대석인 영웅자리

떠올리면 얼추 비슷할 것이다. 서울식 닭곰탕에 비해 다양한 재료가 들어가 있다는 점이 다르다. 닭고기뿐 아니라 돼지고기도 들어가 있고 녹두지짐까지 얹었으니 더욱 든든한 한 끼 식사가 되는 평양식 닭곰탕이라고 할 수 있다.

우리 민족은 탕의 민족이라고 해도 과언이 아니다. "국이 없어서 밥을 못 먹는다"고 말하는 사람이 여전히 많지 않은가. 장국에 밥을 말아 먹는 탕반(湯飯), 즉 국밥문화는 세계에서 보기 드문 한민족만의 독특한 문화다. 사실 이것은 패스트푸드의 옛날 버전이라고도 볼 수 있다. 국밥은 손쉽게 먹을 수 있는 한반도 전역에 있던 패스트푸드였던 것이다. 함흥의 가릿국밥, 평양온반 그리고 서울 사람들이 즐겨 먹던 설렁탕에서부터 전주의 콩나물국밥과 제주도의 몸국밥까지, 국밥은 한반도에서 가장 오래된 외식 메뉴였고 지금도 여전히 인기를 누리는 메뉴다.

서민의 음식, 서울 설렁탕

이제 서울의 설렁탕집으로 가보자. 종로구 견지동에 100년이 넘은 설렁탕집이 있다. 1904년 문을 연 '이문설농탕'이다. 처음 문을 열었을 때는 '이문옥'이라는 이름으로 피맛골 근처에서 국밥 등을 파는 식당이었다. 당시 이문옥 근처 YMCA 뒤편에는 이문고개라는 작은 언덕이 있었는데, 거기서 따온 이름이었다. 그러다 일제강점기에 이문설농탕으로 이름이 바뀌었다.

긴 세월 동안 식당은 자리를 몇 번 옮겼고 사장도 몇 번 바뀌었다. 창업주에서 두 번째 사장으로 바뀌었다가 현재 사장의 어머니가 1960년에 가게를 인수했다. 지금 사장인 전성근 씨는 1980년부터 어머니에 이어 식당을 지키고 있다. 전성근 씨의 어머니는 황해도 해주 출신의 실향민이다. 부산으로 피란을 가서 냉면집을 하다가 서울로 올라와서 이문설농탕을 인수했다.

전성근 씨는 그간의 변화를 기억하고 있었다. 장작을 때던 것이 연탄으로 바뀌었다가 기름으로 바뀌었고, 이제는 가스로 불을 지핀다. 역사가 오래된 만큼 유명인사도 많이 왔다. 김두한, 손기정, 초대 부통령 이시영도 이곳을 자주 찾았다고 한다.

"옛날에 할아버지들이 여기에 오다가 손자를 손 붙잡고 오고, 그 손자가 다시 할아버지가 돼서 자기 손자를 데리고 와요."

그렇게 음식의 맛과 기억은 대를 이어 전해지고 있다. 이곳의 설렁탕에는 양지, 소 머릿고기, 소 지라, 소 혀가 들어간다. 옛날에 넣던 대로 전통을 지키고 있다. 주로 나이가 많은 사람들이 소 지라를 좋아하고 그 맛을 잊지 못해 오니 어느 것 하나 뺄 수가 없다고 한다. 양념 역시 인공조미료를 넣지 않는다. 100세가 넘은 노인이 멀리서 찾아오는 노포답게 옛 맛을 지켜오고 있다.

설렁탕은 예로부터 서울의 음식이자 서민의 음식이었다. 예나 지금이나 간편하면서도 푸짐한 한 끼 식사다. 고기에 따끈한 국물을 끼얹어 내는 것은 설렁탕이나 평양온반이나 똑같다. 그것이 소고기냐, 닭고기냐의 차이일 뿐 소를 도축한 뒤 살코기를 관청이나 반가에 납품하고 머리, 사골, 도가니, 내장 등 허드레 부위로 만든 것이 설렁탕이다.

설렁탕은 왜 설렁탕으로 불릴까? 설렁설렁 끓여서 설렁탕이라는 설도 있었지만 선농탕(先農湯)에서 나온 말이라는 설이 유력하다. 조선 시대에는 봄이 되면 임금이 곡식의 신을 모신 선농단(先農壇)에서 풍년을 기원하는 제를 올렸다. 임금이 논밭을 직접 가는 의식까지 치르고 나면 백성들에게 음식과 술을 내려주었는데, 이때 먹은 음식이 바로 선농탕, 즉 설렁탕이었다.

세종대왕 시대의 기록에도 설렁탕에 관한 이야기가 나온다. 임금이 논밭을 가는 의식을 하는 도중에 비가 쏟아졌고, 이때 신하들이 배고픔을 호소하자 임금이 논밭을 갈던 소를 잡아서 끓이고 소금을 쳐서 먹었다는 것이다. 이 선농탕이 설농탕으로 변하고 지금은 설렁탕이 되었다는 이야기다.

그런데 설렁탕 하면 빠질 수 없는 게 있다. 바로 깍두기다. 설렁탕이 맛있는 집은 깍두기도 맛있기 마련이다. 국물에 깍두기를 하나 넣고 매콤한 김치 국물을 풀어 먹는 것도 설렁탕의 별미다. 예로부터 어느 탕반집이든 국물 다음으로 맛있어야 하는 것이 김치였다. 서울에서 설렁탕 옆에 깍두기가 있듯 평양에서는 평양온반 옆에 백김치가 있었다. 서울과 평양에서 즐기는 김치도 다를 것이라는 생각이 들었다.

설렁탕과 깍두기

평양온반과 백김치

평양의 대표 탕반인 평양온반과
서울의 대표 탕반인 설렁탕에는
항상 김치가 따른다는 공통점이 있다.
설렁탕 옆에 깍두기가 있듯이
평양온반 옆에는 백김치가 있다.

◆ 평양의 국밥, 평양온반 ◆

한반도 곳곳에 각 지역을 대표하는 국밥이 있을 정도로 예로부터 우리는 탕반을 즐겨 먹었다. 남한의 요리 전문가들에게 탕반 문화와 평양온반에 대해 물었다.

윤숙자 요리연구가: 평양온반도 변화하고 있어요

우리는 흔히 국밥이라고 부르죠. 소머리국밥, 순대국밥, 설렁탕, 곰탕 등이 다 밥과 국을 따로 먹지 않고 말아서 함께 먹는 음식입니다. 종류로 본다면 남쪽 지방에 좀 더 많은 것 같아요. 북한에서는 평양온반과 개성탕반이 유명합니다. 개성탕반은 소고기, 고사리, 콩나물 등을 넣어 탕을 만들고 때에 따라선 돼지고기를 쓰기도 해요. 우리 민족은 옛날부터 항상 국

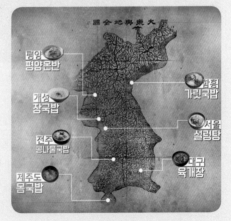

▼ 한반도 전역의 국밥 지도

물이 있어야 했어요. 세월이 많이 지났지만 지금도 여전히 북한이나 남한이나 탕의 민족이라는 점에는 변화가 없는 것 같습니다.

그래도 세월에 따라 세부적으로는 평양온반도 변한 것 같아요. 원래 평양온반에 양념장은 들어가지 않거든요. 밥 위에 닭고기 삶은 걸 찢어서 양념해서 올리고 버섯이나 채소를 볶아 올린 다음 닭육수를 자작하게 부어서 꼭 비벼 먹듯 먹는 음식이에요. 그런데 촬영하신 온반은 향채가 더 많이 들어가고 특히 양념장이 들어가더라고요. 육수도 가득 부어서 마치 국밥처럼 말아 먹더군요. 이런 식으로 평양의 맛이 변화하고 있는 것 같아요. 전체적으로 매운맛을 즐기는 추세로 가는 것 같고요. 사회가 발달하고 바빠지면서 우리 음식이 많이 매워졌듯 북한도 그런 쪽으로 흐르는 것 같아요.

한복려 궁정음식연구원장: 온반은 잔치에서 먹기 좋은 음식이에요

온반은 우리가 지금 말하는 장국밥이에요. 반찬 따로, 밥 따로 먹는 게 아니라 나물이며 고기며 다 집어넣어서 한 그릇 음식으로 즐기는 거죠. 또 녹두지짐을 부쳐서 위에 덮고 그 위에 실처럼 얇은 노란 달걀지단을 예쁘게 올리는 게 특징이에요. 국밥처럼 먹기도 하고 반찬처럼 먹기도 해요.

잔치를 하면 사람이 많이 오니까 밥상을 일일이 차려낼 수가 없거든요. 그러니까 국을 따로 끓여놓고, 밥그릇에 밥과 나물 등등을 얹어서 국물만 부으면 되는 게 온반이에요. 그러니까 단체 급식에서는 최고로 좋은 거죠. 우리 잔치국수와 비슷해요.

닭고기를 올리면 닭고기온반이 되고 소고기를 올리면 소고기온반이 돼요. 또 어느 지역에서 많이 생산되는 게 있다면 그런 것을 올릴 수 있어요. 해주 같은 경우엔 바닷가이니까 조개온반, 이런 식으로 이름을 붙여 만들죠. 우리가 비빔밥의 재료에 따라 이름을 다양하게 붙이는 거랑 똑같아요.

우리 민족이 국물 음식을 좋아하잖아요. 그리고 지금처럼 바쁜 시대에는 영양도 섭취하면서 빨리 먹을 수 있는 국밥이나 비빔밥 같은 걸 제일로 치죠. 그 기본은 북한에서도 동일하고 뭘 집어넣어서 어떻게 먹느냐, 국물은 뭘로 내느냐에 따라 나름대로 개발을 하는 거예요.

▌예종석 음식 문화평론가: 제가 먹은 온반은 닭곰탕 같은 맛이에요

온반이라는 게 우리가 먹는 닭곰탕 같은 맛입니다. 서울에는 닭곰탕 하는 집이 많이 없어졌죠. 제가 어릴 때만 해도 서울 시내에 닭집들이 꽤 있었습니다. 주로 백숙을 하는 집들인데, 백숙을 먹고 나면 마지막에 닭곰탕이 나와요. 국물에 닭고기를 찢어 넣고 밥을 말아서 주는 걸 흔하게 먹었죠. 1960년대에는 닭 요리라는 게 상당히 고급 요리였습니다. 닭 요리도 진화해서 이제 '치맥'의 시대가 되었죠. 그에 반해 북한에서는 아직 닭 요리가 예전과 같은 지위를 갖고 있다고 느꼈어요. 아무래도 식재료 수급이 남쪽만큼 원활하지 않을 테니까.

또 제가 녹두지짐에 관심이 많습니다. 빈대떡이라고도 하는데 이

빈대떡의 기원에 관한 설이 분분해요. 북에서는 빈대떡이라는 말을 쓰지 않고 녹두지짐이라고 하죠. 서울에서도 북에서 내려온 분이 하는 식당에 가면 녹두지짐이라고 합니다.

북한에서 맛본 녹두지짐도 서울에서 먹던 음식보다 훨씬 단순했어요. 서울의 빈대떡은 채소와 돼지고기 등이 들어가서 복잡한데 북의 녹두지짐은 팬케이크에 가까웠어요. 녹두가루만 가지고 돼지기름에 지져 내는데 모양도 맛도 훨씬 단순하더라고요. 녹두 함량이 높으니까 원재료 맛에 충실하죠.

처음에는 북한의 음식이 덜 세련됐다고 생각했는데 여러 번 먹으면서 북한 음식이 우리가 먹는 서울 음식의 원형에 가깝겠다는 생각이 들었습니다. 서울의 음식은 서양 음식의 영향을 받고 재료도 발전했기 때문에 옛날 모습은 많이 잃었죠. 그에 반해 북한의 음식은 남한 음식에 익숙한 안목으로 보면 덜 세련되고 쉬운 음식 같다고 생각할 수 있어요. 하지만 시간이 갈수록 제가 어릴 때 먹던 음식의 모습을 유지하고 있다는 생각이 들었죠. 제가 자라던 1950~1960년대에 잔치가 열리거나 제사를 지내면 그런 풍의 음식이 올라왔어요.

서울 김치와 평양 김치

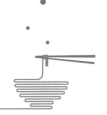

　많은 이가 꼽는 잊지 못할 평양의 맛은 다름 아닌 김치다. 2018년 4월 '봄이 온다' 공연의 음악감독으로 평양을 방문했던 가수 윤상 씨도 그 맛을 잊을 수 없다고 한다. 평양의 대표 김치라고 하면 백김치를 비롯해 동치미, 총각김치, 깍두기 등이 있다. 북한에서도 삼시세끼 김치 없이는 못 산다고 한다. 평양에서는 어떤 김치를 먹는지 그 맛이 더욱 궁금해졌다. 평양에서도 김치 맛이 좋기로 유명한 '경흥식당'을 찾았다.

　경흥식당은 보통강 근처의 경흥거리에 자리하고 있다. 경흥식당은 1층에는 상점과 커피점, 미용실, 이발소 등 편의봉사 시설이 있고 2층에는 식당이 있으며 3층에서는 수산물찜을 제공하고 있다. 우리는 김치를 만드는 과정을 보기 위해 식당의 주방으로 향했다.

평양 김치의 비법

　김치를 담글 때 중요한 것은 우선 절임이다. 이곳에서는 3퍼센트 내지 4퍼센트의 소금물에 배추를 절인다. 너무 짜지도 싱겁지도 않게 절이는 것이 관건이다. 그다음에는 김치통에 큼직하게 썬 무를 깔고 그 위에 절인 배추를 넣는다. 그 위에는 사과, 생강, 마늘, 부추를 올린다. 그런 다음 생강과 소금을 넣은 물에 채 썬 오징어를 넣고, 김치통에 그 국물을 듬뿍 끼얹어준다. 오징어까지 넣으면 그것으로 끝이다. 젓갈을 사용하지 않고 그 대신 생물인 오징어로 단백

▼ 젓갈 대신 생물 오징어를 넣는 평양 백김치

질을 넣어주는 것이다.

물론 빨간 배추김치도 있다. 김치소를 만들어 배추에 발라 김치통에 담그는 과정은 우리가 김치를 담그는 것과 비슷해 보인다. 다만 국물이 많고 고춧가루나 젓갈을 많이 쓰지 않아서 슴슴하게 담근다. 북한은 추운 날씨 때문에 김치에 간을 세게 하지 않는다. 김치로만 먹는 게 아니라 국물에 국수나 밥을 말아 먹는 일이 흔하다고 한다. 양념을 맛있게 하는 것만큼 숙성도 중요하다. 이렇게 담근 김치를 0도에서 영하 3도 사이에 보관하면 맛있게 익는다. 큰 식당에서는 김치를 우리처럼 김치냉장고에 보관한다. 하지만 냉장 시설이 제대로 갖춰지지 않은 일반 가정에서는 '김치움'이라고 해서 땅속에 김치를 보관한다고 한다. 다 먹을 때까지 배추가 포동포동하고 아삭아삭 씹히면서 시원하고 익을수록 맛있어야 한다.

배추김치에 무채를 넣는 대신 무를 큼직하게 썰어 넣는 게 인상적이다. 남쪽에서도 예전에는 배추가 귀해 무를 같이 담가 먹었다고 한다. 무채를 넣으면 김치가 익으면서 뭉그러지지만 큼직하게 썰어 넣으면 그럴 염려가 없다. 무 한 조각을 아삭하게 깨물 때의 그 상큼함도 매력적이다.

북한에서는 맛있게 익은 김치를 표현할 때 '쩡하다'는 표현을 쓴다. 우리 국어사전에는 '정신이 번쩍 들 정도로 자극이 심하다'라는 뜻으로 등재되어 있는데 북한에서는 김치가 잘 익어서 탄산 등이 많이 생겨 상큼한 맛이 날 때 이 표현을 자주 쓴다. 시큼한 것이 아니라 상큼하면서 머리를 때리는 쩡한 맛. 시원하고 쩡한 김치는

백김치

빨간 김치

평양에서는 백김치가 유명하지만
고춧가루를 넣은 배추김치도 먹는다.
다만 양념을 적게 해서
슴슴하고 시원한 맛을 낸다.

겨울밤 별식이 되기도 했다.

매일 담그는 동치미 국물을 섞어서 냉면 육수를 내면 뒷맛이 개운하고 상쾌하다. 서울에서도 시원한 동치미 맛을 내는 식당이 있다. 을지로 남포면옥은 어복쟁반, 냉면 등 이북 요리를 50년 이상 내오고 있는 노포다. 이곳에서는 매일 동치미를 담근다고 한다. 고기 육수와 섞어 냉면을 만들기 위해서다. 보통 하루에 10개에서 15개의 무를 가지고 동치미를 담근다. 가장 중요한 것은 좋은 무를 고르는 것인데 대체로 가을무가 맛있다. 또 무는 하루 전에 미리 소금에 절여놓았다가 대파, 양파, 배 껍질, 마늘, 생강을 넣어 항아리에 담는다. 보통 4~5일을 숙성하는데 추운 겨울철에는 2주 정도 자연숙성을 한다. 막 담갔을 때는 맑던 국물이 숙성되면서 노란빛을 띠기 시작한다.

▼ 서울의 한 노포에서 만드는 이북식 동치미

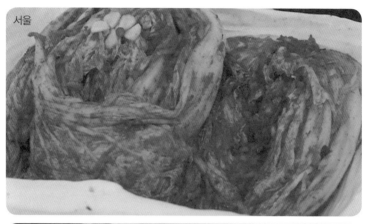

서울

평양

평양의 김치에는
무채 대신 무를 큼직하게 썰어 넣는다.
이렇게 하면 무가
뭉그러지지 않고 아삭하게 익는다.

김치로 공유하는 맛

평양 촬영 전 과정을 우리와 동행한 조선요리협회의 김영일 연구사는 서울에서는 어떤 김치를 먹는지 궁금하다고 했다. 서울의 김치는 대체로 양념이 강하고 고춧가루와 마늘, 젓갈 등을 많이 넣는다. 언젠가 평양 김치와 서울 김치를 한 식탁에 올릴 날이 온다면 서울의 김치를 북한 사람들은 어떻게 받아들일까?

사실 서울에서도 예전에는 양념을 많이 하지 않은 김치를 먹었다. 서울과 평양은 지리적으로도 가까우니 김치에도 그리 큰 차이는 나지 않았다. 서울 김치 역시 그리 맵지도 짜지도 않은 맛이었다. 주로 무와 배추를 이용해 김치를 담갔고 고춧가루를 많이 사용하지 않았으며 국물이 자박한 김치였다. 새우젓, 조기젓, 황석어젓같이 비교적 담백한 젓갈을 즐겨 썼다. 그러다 고춧가루가 우리 땅에 들어온 것이 임진왜란 무렵이다. 고춧가루는 조선 말부터 크게 번지기 시작했으니, 사실 고춧가루를 먹기 시작한 게 그리 오래된 일은 아니다.

그러던 것이 1980년대부터 김치 색이 짙어지기 시작했다. 푸드 칼럼니스트 황교익 씨는 컬러 TV의 등장과 함께 김치를 더욱 맛깔나게 보이게 하려다 보니 양념을 많이 하게 되었다고 말한다. 남도 지방 사람들이 서울로 오면서 남도 김치의 영향을 받았기 때문이라고 말하는 사람도 있다. 아마도 그 이유는 한 가지로 단정하기는 힘들 것이다. 시대가 변하면서 김치도 변해왔다.

김치는 그 자체로 변화의 음식이기도 하다. 채소를 절여 먹는 문화는 어느 나라에나 있다. 가장 가까운 예로 일본의 쓰케모노는 한 번 담아놓으면 일주일 후나 1년 후나 맛의 변화가 거의 없다. 그러나 김치는 변화무쌍한 음식이다. 처음 담았을 때는 겉절이 수준이었다가 시간이 지날수록 유산균이 발효되면서 시원한 맛이 난다. 더 시간이 지나면 초산균이 붙어서 신김치가 된다. 변화는 단점이 될 수도 있지만 매력이 되기도 한다. 무엇보다 생동감 넘치는 우리 민족의 대표음식으로 걸맞지 않은가.

한편으론 쉽게 변하지 않는 것도 있다. 지금도 해마다 평양과 서울의 가정에서는 김치를 담근다. 북한 가정에서는 꽤 여러 가지 김치를 담가 먹는다고 한다. 겨울 김치뿐 아니라 봄에는 미나리김치, 쑥갓김치를 담그고 여름에는 오이김치를 담근다. 가을에는 아직 어린 배추와 무로 풋절이김치를 담근다. 김치가 오래되면 여러 가지 요리로 응용하는 것도 우리와 똑같다. 김치를 지져서 먹는 김치지지개, 김치에 두부나 고기를 넣고 끓이는 김치전골도 해 먹는다. 김치를 잘게 썰어 김치볶음밥을 만들기도 하고 김치지짐도 부쳐 먹는다. 김치라는 하나의 음식으로 서울과 평양은 여러 맛을 공유하고 있는 것이다.

또 한 가지, 대동강 유람선을 탔을 때 우리는 북한 주민들이 사진을 찍으며 "김치"를 외치는 것을 보았다. 쉽게 변하지 않는 것이 주는 울림이 있다.

푸드칼럼니스트 황교익 씨가 김치의 역사, 그리고 평양 김치와 서울 김치의 차이에 대해 이야기한다.

▌평양 백김치의 특징은 뭔가요?

▌무와 배추를 섞어 담는 거죠. 무 한 켜 놓고 배추 한 켜 놓고 이렇게 반복해서 쌓아 담았어요. 무도 채를 썰어 넣으면 익으면서 뭉그러지는데 북한처럼 큼직하게 썰어 넣으면 더 맛있어요. 익은 무를 한 입 아삭하게 베어 무는 맛이 포인트거든요.

배추가 우리 땅에서 원래 그렇게 잘 자라는 작물이 아니었어요. 배추 농사 짓기가 의외로 까다로워요. 벌레도 잘 붙고요. 보통 9월 중순쯤 밭에 모종 형식으로 씨앗을 틔워서 자그마하게 포기를 만들어 심어야 하는데 우리 땅이 질소가 그리 많지 않은 땅이에요. 그래서 비료도 많이 줘야 하죠. 지금은 쉬울지 몰라도 옛날엔 쉽지 않았어요.

또 배추는 추운 지역에서 잘 자라요. 8, 9월 정도에 모종을 해서 11월 정도 되어야 맛있어지는데 그간 서리를 세 번 정도 맞아야 맛있어져요. 잎이 얼 듯 말 듯해야 맛있어요. 기온이 확 떨어지면 배추는 살려고 물을 밖으로 내보내고 일종의 부동액 역할을 하는 당을 만들어내거든요.

 그래서 무를 더 많이 재배했었죠. 그래서 조선 시대에는 김치라고 하면 다 무김치라고 보면 돼요. 1910~1920년대에 이화학당에서 김장을 담글 때를 기록한 자료가 있어요. 거기 봐도 무와 배추를 섞어서 담근다고 되어 있어요. 1800년대 중반에 포기 배추가 들어와요. 중국에서 온 배추라고 해서 '호배추'라고 불렀죠.

 또 서울 무가 맛있고 개성 배추가 맛있다는 말이 조선 말기부터 있었어요. 무는 모래와 흙이 있는 데서 잘 자라는데 한강 변에 무밭이 굉장히 많았어요. 그래서 무김치를 많이 담가 먹었죠. '서울 깍두기'라는 말은 많이 들어봤을 거예요. 설렁탕집에 가면 꼭 깍두기가 옆에 놓이죠. 서울 사람들은 무김치를 많이 담가 먹었고 그중에서 특히 깍두기를 많이 먹었기 때문이에요.

 제가 평양에서 맛본 김치는 양념이 많지 않더라고요. 평양냉면으로 유명한 우래옥에서도 1970년 때까지만 해도 김치를 그렇게 담갔다고 해요. 무와 배추를 켜켜이 쌓고 2~3일 정도 삭혔다가 소고기 우린 물을 부어요. 그렇게 육수에 자작하게 재워두면 딱 쏘는 시원한 김치가 되는 거죠. 양념은 많이 하지 않아요.

 원래 우리나라 김치가 다 양념을 적게 한 김치였어요. 그런데 1980년대에 컬러 TV 시대가 왔는데 요리 프로그램을 보면 김치 담그는 걸 많이 보여줬죠. 아무래도 화면에 맛깔스럽게 보여야 하니 양념을 많이 발랐어요. 그런데 고춧가루와 마늘이 많이 들어가면 유산균이 발효가 잘되지 않습니다. 고춧가루는 미생물을 죽이는 역할을 하거든요. 그래서 유산균도 죽어버리기 때문에 유산균 발효가 잘 일어나지 않고 오래 두면 쿰쿰한 냄새가 나요. 그런데 북한 김치는 예전 맛을 유지하고 있어요.

평양 백김치에는 국물이 있는데, 왜 그런가요?

원래 우리도 그런 식으로 김치를 담갔어요. 살림이 넉넉한 집에서는 사골 국물이나 고기 국물을 김장 담글 때 넣기도 했죠. 김장 담글 때 보쌈을 만들어 먹는 것도 그것 때문이에요. 단백질을 넣으면 유산균이 더 잘 발효되거든요. 해안가에 있는 지역에서는 고기보다 명태, 오징어 등을 국물을 내서 넣었고 서산 쪽에서는 꽃게 국물을 넣기도 하죠.

그런데 그게 젓갈로 많이 대체되면서 요즘에는 잘 넣지 않아요. 더군다나 김치가 산업화되면서 그렇게 하기 힘들어졌죠. 하지만 북한에서는 아직 그런 방법을 유지하고 있는 것 같아요. 오징어 우린 물이나 명태를 넣는 걸 보면 말이죠. 단백질을 생물로 넣으면 젓갈 맛이 없고 그 때문에 맛의 차이가 커요. 어떤 게 더 맛있냐고 물으면 어떤 김치에 더 익숙한가의 차이라고 보면 됩니다. 젓갈을 많이 넣은 김치를 먹어왔으면 그게 더 맛있게 느껴질 거고, 생물을 넣은 김치를 먹어왔으면 그게 더 맛있겠죠. 남쪽에도 충청북도나 강원도 산간 지역을 가면 젓갈을 안 넣은 김치가 있긴 해요. 아예 동물성 단백질이 들어가지 않은 김치도 있어요. 그런 것을 흔히 '짠지'라고 이야기하는데 짠지류도 매력이 있어요.

북한에는 아직 지역의 음식들이 잘 보존되어 있을 것 같아서 그런 걸 보면 우리 선조들이 어떤 음식을 먹었는지 유추할 수 있지 않을까 싶어요.

우리가 좋아하는 김치와 북한 사람들이 좋아하는 맛이 다를까요?

저는 그렇게 보지 않아요. 1970년대 이전만 하더라도 우리 김치가 북한 김치와 비슷했었으니까요. 양념이 많지 않고 국물이 넉넉했어요. 지역마다 여러 해산물이나 고기를 넣었고요. 그러다 1980년대부터 산업화 과정에서 김치도 변했으니 그 후에 태어난 사람들은 북한 김치를 먹으면 맛의 포인트가 다르다고 느낄 수는 있어요.

하지만 조선 시대 500년 동안 우리는 한 문화공동체로 살았잖아요. 고려 시대까지 포함하면 거의 1000년을 함께 살고 몇십 년 분단했을 뿐인걸요. 지역마다 김치가 다 달랐겠지만 그것을 남북으로 나눈 기록은 없어요. 조선의 어떤 문헌에도 남쪽 음식과 북쪽 음식으로 분류한 것은 없거든요. 단지 분단의 세월이 길다 보니 옛날부터 남북의 음식이 많이 달랐을 거라고 생각하게 된 것 같아요.

공감의 맛, 발효 음식

　종로의 오래된 동네 한쪽엔 100년을 지켜온 한옥마을이 있다. 그 안에는 20세기 오래된 서울과 21세기 서울이 사이좋게 공존하고 있다. 주변의 낙원상가나 종로 3가 같은 곳에는 주로 어르신들이 있는 반면 이곳은 젊은 사람들이 유난히 많이 찾는다. 무엇이 젊은 이들의 감성을 건드린 걸까? 도심 속 한옥 거리. 이질적인 것들의 어울림, 오래된 것과 새것의 조화 아닐까. 그건 음식도 마찬가지다. 한식을 코스로 내는 곳이 있다. 바로 '두레유'라는 한식당이다.

　한식을 코스로 낸다니 호기심을 불러일으킨다. 식당에 가니 마침 프랑스인 손님 두 명이 식사를 하고 있었다. 드디어 코스의 첫 음식이 나왔다. 그런데 간장 종지만 덩그러니 놓인다. 작은 종지에 든 소박해 보이는 간장. 음식에 곁들여 먹는 소스나 양념으로만 생각

▲ 7년 묵은 씨간장으로 만든 간장 한 종지

한 간장이 당당하게 홀로 나왔다. 고정관념을 깨주는 간장의 등장
이 당황스럽기도 하다. 화려한 요리가 아니라 간장을 첫 음식으로
내놓은 이유는 뭘까?

요리가 된 간장

이 레스토랑에는 장독이 있다. 요즘은 장독대 보기 힘든 세상이
지만 이곳의 오너, 유현수 셰프는 간장을 직접 담가 장독에 보관한
다. 바람과 햇볕이 숙성에 중요한 역할을 하기 때문이다. 2~3년이

지나면 맛이 들어서 조리에 사용한다.

유현수 셰프는 우리에게 7년 된 씨간장을 보여주었다. 간장이라고 하면 보통 액체인데 이 간장은 조금 특이했다. 액체가 아니라 작은 결정체들 같아 보였다. 간장이 오랫동안 장독에서 숙성되면서 수분이 증발하면 소금 같은 결정체만 남게 된다. 자연 숙성을 통해 자연스럽게 간장의 결정체가 만들어지는 것이다. 일반 간장보다 조금 더 깊은 맛이 나고 이 자체로도 천연 조미료와 같은 감칠맛을 가진다. 많이 짜지 않으면서 천연의 단맛이 나고 미네랄 같은 여러 성분이 있어 미감을 자극한다.

"이 맛과 향이 한국 음식의 기본이라고 생각해요."

유현수 셰프는 이런 생각으로 씨간장을 지키고 연구하고 만들어내는 데 많은 노력을 기울이고 있다고 한다. 그렇다. 간장은 한국 음식의 기본이다. 이것이 두레유에서 입맛을 돋우는 첫 음식으로 간장을 선택한 이유다.

간장은 주로 요리에 넣는 양념으로 쓰이지만 오래된 간장은 그것만으로도 충분히 맛이 난다. 발효 음식의 특성이기도 한데, 간장은 숙성되면 될수록 새로운 맛이 나온다. 해가 거듭될수록 맛이 깊어지고 오묘해진다. 그러면 그 자체로 완벽에 가까운 맛이 완성된다는 것이다. 선조들이 먹었던 방식은 지금 우리에게는 다소 생소하지만 특별한 경험이다. 흔히 우리 음식의 맛을 말할 때 '깊은 맛'이라는 표현을 쓰는 이것이 바로 발효의 맛이다. 한식의 오미(五味)인 짠맛, 단맛, 신맛, 쓴맛, 매운맛 외에 감칠맛이란 표현도 발효에서

▲ 보리에 생선을 넣어 숙성시킨 굴비를 찐 다음 구운 보리굴비

나온 것이다.

숙성된 간장처럼 메인 음식도 숙성 음식에서 답을 찾았다. 굴비를 숙성시킨 보리굴비다. 보리굴비는 보리에 생선을 넣어 숙성시킨다. 그리고 난 후 보리굴비를 쌀뜨물에 넣고 불린다. 그런 다음 찜통에 넣어 30~40분 정도 찌고, 팬에 굽는 과정까지 거쳐야 한다.

한반도에 흐르는 기억과 그리움의 맛

이처럼 새로운 한식을 찾는 최근의 흐름은 왜 생긴 걸까. 서울은 복합적인 도시다. 다양한 사람들이 섞여 살며 다양한 음식을 즐긴다. 마음만 먹으면 세계 각국의 요리를 서울에서 즐길 수 있다.

"그래도 한국 사람에게는 한국 음식이 최고죠."

유현수 셰프의 말처럼 어릴 때부터 먹던 맛은 우리의 본능처럼 자리 잡아 입맛의 척도가 된다. 분단된 채로 무심한 세월이 흘러도 서울과 평양, 두 도시에서는 여전히 발효 음식을 즐기고 간장이 요리에 빠지지 않는다. 태양빛 머금은 간장은 두 도시의 맛이자 우리 음식 문화의 뿌리다. 한식의 기본인 간장, 된장과 같은 발효 식품은 우리 식탁에서 빼놓을 수 없다.

김치나 보리굴비도 발효 식품이다. 가공 없이 오래 두고 먹기 위한 지혜가 이런 음식에 담긴 것이다. 우리 민족은 농업의 민족이다. 유목민처럼 떠돌아다니지 않고 정착해서 살았으니 오랜 시간이 걸리는 발효 음식을 만드는 게 가능했다. 또 주로 벼농사와 밭농사를 지어 곡류로 된 밥이나 죽을 먹다 보니 짭짤한 발효 식품이 필요했다. 그래서 우리 선조들은 봄이면 장류를 담그고 여름이면 젓갈을 담갔다. 또 가을에는 채소로 겨울을 대비해 김장을 했다.

평양에서 맛본 발효 음식이 하나 떠올랐다. 바로 가자미식해다. 가자미식해는 함경도 지방의 향토 음식이고 강원도에서도 즐겨 먹는다. 우리가 먹은 가자미식해도 속초에서 먹은 맛과 큰 차이가 없었다. 다만 사용하는 곡식이 지역에 따라 약간 다르다고 한다. 함경도에서는 메좁쌀을 사용하고 강원도에서는 쌀을 사용한다.

가자미식해를 만들려면 먼저 가자미를 잡아서 내장과 머리, 꼬리를 떼고 소금에 절여서 하루 이틀 지나면 보자기에 싸서 돌로 눌러 놓는다. 메좁쌀로 지은 밥에다 마늘, 생강, 소금, 고춧가루, 엿기름 가루를 넣어 섞고 가자미와 함께 켜켜이 쌓아서 삭힌다. 보통 3~4일 삭히면 물이 생기는데 물은 버리고 가자미만 건져서 다시 소금에 절여 며칠 더 삭힌다.

가자미식해는 가자미가 나오는 해안 지방에서 겨울철에도 저장해놓고 먹기 위해 만든 발효 식품이다. 오래 묵혀두면 부패하는 게 아니라 발효하게 만드는 지혜. 해묵은 우리의 단절과 갈등에도 그런 지혜가 필요한 게 아닐까?

맛의 씨는 퍼지고 퍼져 한반도의 젖줄을 따라 흘렀다. 한강을 거슬러 올라 대동강에 이르면 분단의 시간도 가르지 못한 공감의 맛을 만난다. 누군가에게는 그리움의 맛이고 누군가에게는 기억의 맛이다. 새롭다고 느끼다가 이내 익숙해졌다. 다르다고 느끼다가 실은 같다는 걸 깨달았다. 우리는 다르고 또 같다.

한반도 음식의 씨앗, 발효 음식은
한강과 대동강을 타고 흘러
수많은 기억과 그리움의 맛을 만들어냈다.

◆ 평양의 보양식, 토끼와 자라 ◆

　우리 민족은 예로부터 더운 여름이 되면 단백질이 풍부한 보양식을 먹으면서 몸을 보했다. 이열치열이라는 말이 있을 정도로 우리는 더운 여름에 더 뜨거운 탕으로 기운을 냈다. 그렇다면 평양에서는 어떤 보양식을 즐길까?

토끼탕과 토끼찜

북한에서는 여름 보양식이라고 하면 토끼 요리를 손꼽는다. 한적한 평양 시내를 달려 토끼 요리로 유명하다는 붉은별식당으로 향했다. 식당에 들어서자마자 이곳의 자부심이 보였다. 벽면에 기술상장이며 조선명료리등록증 '토끼고기 보신탕'이라고 쓰인 종이가 붙어 있었다. 이곳은 요리사 7명, 봉사원 3명이 있는 꽤 큰 규모의 식당이다. 손님이 많이 올 때는 100명 정도 온다고 한다.

　우리를 위해 식당 주인은 두

▼토끼고기 보신탕

가지 토끼 요리를 선보였다. 하나는 뚝배기에 끓인 토끼탕이다. 껍질 벗긴 통토끼를 토막 내서 뚝배기에 넣는다. 양파, 청고추, 홍고추, 버섯을 넣고 밤, 은행, 대추, 당근을 올려 끓인다. 탕이 말갛게 끓으면 소금, 후추로 간을 하고 다진 파와 마늘을 넣는다. 또 다른 요리는 토끼찜이다. 토끼 간을 썰어 볶다가 대추, 밤, 은행을 넣어 함께 볶아준다. 호두와 잣도 넣고 밥까지 넣어 볶는다. 이것을 토끼고기의 배 속에 채워 넣고 여민 뒤 랩으로 싸서 찜기에 넣어 찐다.

"우리는 토끼고기뿐 아니라 내장과 보약재까지 넣기 때문에 손님들이 보양음식으로 진짜 좋아합니다."

요리사는 자부심이 대단했다. 2018년 4월에는 명절 요리축전 1등을 하기도 했는데, 그때는 토끼다리볶음을 갖고 나갔다고 한다.

홀에 나와서 토끼 요리를 먹는 손님들을 만났다. 직장 동료들과 일을 끝내고 온 사람들도 있고 여자아이에게 토끼탕을 떠먹여주는 엄마도 보였다. 토끼 요리가 미용에 좋고 소화도 잘된다며 토끼 요리 예찬론을 펼치는 손님도 있었다. 여름철 토끼 요리는 남한의 삼계탕만큼 대중적인 보양식인 듯했다.

초계탕과 칠향닭찜

닭도 평양에서 보양식으로 자주 먹는다. 북한에서는 예로부터 닭을 봉황새에도 비교할 만큼 귀한 짐승으로 여겨, '귀할 귀' 자를 써서 계귀(鷄貴)라고 불렀다고 한다. 그래서 전통적으로 잔칫상에도 닭을 올리는 풍습이 있었는데 그 또한 지금까지 이어지고 있다.

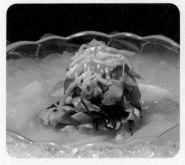
▲ 초계탕

▲ 칠향닭찜

　여름에는 특히 초계탕이 인기다. 차가운 닭고기 국물에 겨자를 풀고 닭고기와 청포, 소고기, 해삼, 오이 등 여러 가지 재료를 넣어 시원하게 먹는다. 겨자의 매운맛과 닭고기 국물의 구수한 맛이 잘 어우러진다.

　또 하나, 보양식으로 먹는 닭 요리는 칠향닭찜이다. 일곱 가지 맛과 향이 난다는 이 닭찜은 도라지, 송이버섯, 밤, 대추, 은행, 잣 등 일곱 가지 재료를 닭고기 배 속에 채워 푹 쪄내는 음식이다. 이 음식은 삼국시대부터 있었고 옛날 요리책에도 많이 나온다고 한다. 닭곰탕과 비슷한 칠향닭찜은 삼복에 허한 기를 보해주는 최고의 보양식으로 꼽힌다. 천천히 음미하며 먹으니 정말 일곱 가지 맛이 나는 것 같았다.

고급 보양식, 자라 요리
용왕에게 토끼를 잡아오겠다고 호기롭게 떠난 자라 역시 보양식으로 유명하다. 우리는 자라 요리를 접할 일이 거의 없지만 중국이나 일본에선 어렵지 않게 먹을 수 있다. 자라는 원기를 북돋워준다고 한다. 그래서 북한에서도 자라는 평양의 특산 요리이며 보양식으로 꼽힌다.

평양에는 자라 공장이 있고 자라를 양식해서 요리에 쓴다. 자라 요리는 꽤 고급 음식이라고 한다. 우리는 옥류관 주방에서 자라를 요리하는 것을 보았다. 죽어 있는 자라의 목을 잘라 피를 담고, 그 피를 술에다 타서 마신다. 등껍질은 말렸다가 자라 차를 우려내서 마신다고 한다. 간, 염통 등의 내장은 회로 먹는데 김으로 싸서 먹기도 한다. 또 머리 부분은 주로 찜을 만들어 먹는다.

'약식동원(藥食東源)'이라는 말이 있다. 건강을 유지하는 데 있어 약과 음식은 그 근원이 같다는 뜻이다. '밥이 보약이다'라는 말만큼 한식의 특징을 잘 드러내는 말이 있을까? 남과 북의 보양식을 취재하면서 주어진 환경에서 건강과 행복을 유지하려는 끈질긴 생존력이 음식에 담긴 것 같다는 생각이 들었다. 그렇게 우리는 살아남았고 살아가고 있다.

2장

한강과 대동강

한강은 서울의 삶 속에서 빠질 수 없는 이름이다.

평양에도 한강과 닮은 대동강이 있다.

서울을 강남과 강북으로 나누는 한강처럼 대동강은

평양을 동평양과 서평양으로 나누며 흐른다.

서울의 한강을 즐기는 사람들 모습과

평양의 대동강을 즐기는 사람들 모습은 놀랄 정도로 비슷하다.

한강과 대동강이라는 다른 강에서 흘렀지만

같은 서해에서 만나는 서울과 평양의 물줄기처럼,

변해온 방향은 달랐지만 둘의 모습은 같은 지점으로 통하고 있었다.

다른 이름,
같은 모습

　서울에 한강이 있다면 평양에는 대동강이 있다. 한강은 서울을 강남과 강북으로 나누며 흐르고, 대동강은 평양을 동평양과 서평양으로 나누며 흐른다. 또 한강에 여의도와 밤섬이 있는 것처럼 대동강엔 능라도와 양각도라는 섬이 있다.

　우리는 대동강에 배를 띄워 평양의 풍경을 담았다. 한국 방송에서는 처음 시도하는 촬영이다. 과거의 평양은 어떤 곳이었을까? 평양은 고조선부터 존재했던 역사 도시였고 사신들이 머무는 중요한 거점 도시였다. 김홍도의 〈평양감사향연도〉라는 그림은 지금의 도지사인 평안감사 부임 행사를 보여준다. 대동문 앞에서는 엄청난 인원이 동원된 뱃놀이가 펼쳐진다. 사람들에게 평양은 경치 좋고 모든 물산이 모이는 최대의 상업 도시였다.

▲ 대동강의 뱃놀이를 그린 김홍도의 〈평양감사향연도〉

　대동강과 함께 평양을 흐르는 또 하나의 강은 보통강이다. 대동
강과 보통강 모두 강변에 버드나무가 많다. 예로부터 평양은 버들
이 늘어진 곳으로 유명했다. 평양에 '버들 류' 자를 붙인 명소와 집
이 많은 이유다.

　대동강(大同江) 하구에는 서해갑문(西海閘門)이 있다. 미림갑문(美林閘門),
봉화갑문(烽火閘門)과 함께 북한의 3대 갑문이라고 불리는 서해갑
문은 1981년 5월에 건설하기 시작해서 1986년 6월에야 완공되었
다. 또 공사하는 동안에는 '남포갑문'이라고 부르다가 후에 서해갑
문으로 바뀌었다고 한다.

　서해갑문은 진남포와 황해남도 은율군 피도(避島)를 잇는 제방이
다. 우리는 피도에서 서해갑문을 바라보았다. 건너편에는 황해남도
은율군이 보였다. 제방의 길이는 8킬로미터다. 대동강의 총 길이가

▲ 평양을 동평양과 서평양으로 나누며 흐르는 대동강

485킬로미터인데 하루에 두 번 밀물과 썰물이 있다. 밀물일 때는 바닷물이 대동강을 따라 올라오곤 한다. 그 물을 농업용수와 공업 용수로 확보하기 위해서 서해갑문을 건설한 것이다.

또한 서해갑문은 3개의 갑실을 가지고 있다. 1호 갑실로는 2000 톤급 배들이 통과하고 2호 갑실로는 5만 톤, 3호 갑실로는 2만 톤급 배들이 통과한다. 배가 통과할 때는 중심을 축으로 90도 회전시켜 서 뱃길을 열어주는데 한쪽에 배가 통과하는 데 평균 45분이 걸린 다. 갑실의 위아래에는 미닫이 형식으로 된 문들이 달려 있다. 갑실 하나의 무게가 1500톤이다. 갑실들의 양옆을 칸칸이 막아서 건설 한 것이 수문들인데 모두 36개의 수문이 있다. 장마철에는 이 수문 들을 모두 열어 홍수를 막는데, 수문을 모두 열면 초당 4만 2000리 터의 강물이 바다로 빠져나간다.

서울

한 강

평양

대동강

한강과 대동강이 있기 때문일까.
서울과 평양, 두 도시의 모습은 서로 닮았다.

서해갑문을 짓기 위해 많은 인력과 자재가 투입되었다. 드디어 서해갑문의 건설이 끝나자 그 건설자들을 기념하기 위해 대동강 양쪽 입구에 조각상들을 세웠다. 또 서해갑문 기념탑도 세웠다. 34미터 높이의 기념탑으로 갑실을 형상화했는데 밤에는 등대로도 이용된다.

대동강의 유람선, 대동강호

대동강에도 한강처럼 유람선이 있다. 하루 두 차례, '식당배'라고 불리는 대동강호가 운항한다. 배 안으로 들어가니 한쪽에는 각종 술이 진열된 바(bar)가 있다. 작은 폭포 모양의 조형물도 보인다. 벽면에 설치된 수족관에는 금붕어가 있다. 꽃으로 장식된 입구를 지나면 원형 테이블들이 놓인 홀이 나온다. 기타와 드럼, 건반이

▼ '식당배'라 불리는 대동강의 유람선

설치된 무대도 있다.

식당배라 불릴 만큼 이곳에서 다루는 음식은 종류가 다양하다는
데 대동강호의 주방은 어떤 모습인지 궁금해 주방으로 향했다. 도
마에 생선을 놓고 회를 뜨는 손길이 분주하다. 연회를 위한 코스 요
리를 준비하는 중이었다. 코스 요리 가격은 남한 화폐로 7000원에
서 1만 5000원이다. 요리사는 코스 요리에 등장하는 용정어회를 뜨
고 있었는데 이 생선은 우리에게는 향어라는 이름으로 익숙한 생
선이다. 용정어는 기름기가 많은 잉어라고 할 수 있는데 기름기가

▼ 우리에게는 향어라는 이름으로 익숙한 용정어회

많아서 맛있다고 한다.

생선회를 장식하는 방식은 서울과는 좀 다르다. 살아 있는 상태로 손님에게 나가야 한다. 그래서 생선 눈이 여전히 살아 있다. 초고추장을 곁들여 먹는 건 우리와 똑같다. 회와 매운탕, 어죽까지 코스로 즐긴다. 용정어는 하루에 20마리씩 나간다고 한다.

'식사실'이라는 글씨가 붙은 문을 열고 홀로 들어갔다. 손님들은 회와 맥주를 즐기며 즐거워 보였다. '조선작가동맹중앙위원회'에서 단체로 관광을 온 손님이 35명 정도 있었고 나머지는 일반 손님들이었다. 갑판에 올라가니 많은 손님이 휴대전화로 서로 사진을 찍느라 바빴다. 좋은 풍경을 보면 사진으로 남기고 싶은 건 인지상정인가 보다.

그런데 대동강 위로 보트를 타고 달리는 한 쌍의 남녀가 보였다. 여러 명이 탄 큰 보트도 뒤를 따르고 있었다. 무슨 일인가 했더니 남녀는 갓 결혼한 신혼부부인데 보트를 타고 결혼 기념 촬영을 하고 있는 것이었다. 카메라를 든 사람이 함께 있고 하객들도 큰 보트에 타 함께 촬영하고 있었다. 잠시 구경하는데 안내 방송이 나왔다.

"잠시 후 우리 식당 내 2층 연회장에서는 봉사원들이 준비한 공연이 20분간 진행될 예정입니다."

방송을 들은 손님들이 모두 연회장으로 모여들었다. 신나는 음악 소리가 들리고 무대에 마린룩을 입은 봉사단원들이 올라 음악을 연주하기 시작했다. 한복을 입은 여성이 마이크를 들고 들어와서 인사를 하자 박수 소리가 터진다. 노래를 부르고 색소폰 연주를 하

▲ 식사와 공연이 함께 이루어지는 대동강호 연회장

기도 한다. 이윽고 마술쇼가 벌어졌다. 신나는 아리랑 연주 음악에 맞춰 빈 박스 안에서 꽃이 나오는 마술을 보여준다. 이번에는 〈반갑습니다〉라는 노래가 울려 퍼지며 빈 상자에서 생선이 나오는데, 이 생선 역시 용정어다. 다시 가수가 나와 노래를 부르며 테이블에서 여자 손님과 남자 손님 한 명씩을 데리고 나오는데 어느 누구도 빼지 않고 함께 춤을 춘다. 가야금 공연, 장구 공연에 이어 바이올린, 피아노, 드럼 연주에 맞춰 북한 가요도 부른다. 그야말로 다채로운 공연이다. 사람들은 흥미진진한 공연에 눈을 떼지 못한다. 동영상 촬영은 기본. 모두에게 즐거운 추억으로 남을 것이다. 공연의 마지막은 역시 춤. 가수와 손님들이 모두 모여 손을 잡고 강강술래를 하듯 빙글빙글 돌며 춤을 춘다. 일방적으로 공연을 하고 보는 게 아니라 다 함께 즐기는 모습이 신명난다. 노래와 춤을 좋아하는 흥 많은 모습은 평양도 서울과 다르지 않다. 대동강을 유람하면서 먹고 웃고 떠들며 즐기는 평양 시민들의 여가를 엿보았다.

서울 사람들도 여가시간이 생기면 한강을 즐겨 찾는다. 대동강처럼 유람선을 탈 수도, 레저를 즐길 수도, 자전거를 탈 수도 있다. 혹은 돗자리를 펴고 '치맥'을 즐기기도 한다. 주말 밤에는 푸드트럭이 강변에 펼쳐지기도 한다. 서울은 맛의 도시라는 걸 보여주는 듯하다. 그렇게 서울 시민들의 한가로운 시간이 한강을 따라 펼쳐진다. 서울의 맛과 풍경은 이곳에서 하나로 어우러진다.

전망 식당에서 내려다본 평양 시내

평양에도 맛과 풍경이 하나가 되는 곳이 있다. 45층 높이의 고려호텔. 1985년에 개관한 특급호텔로 남북의 큰 행사 때마다 등장하는 곳이기도 하다.

고려호텔은 평양의 중심부인 평양역 근처에 있다. 140미터 높이

▼평양 풍경이 한눈에 들어오는 고려호텔의 회전 전망 식당

45층 높이의 고려호텔 회전 전망 식당에서는
미래과학자거리, 여명거리 등
평양 시내가 한눈에 내려다보인다.

에 총 45층인 이 호텔의 꼭대기, 44~45층에는 회전 전망 식당이 있다. 식당 안으로 들어서면 32개로 된 대형 유리창을 따라 회전하는 70석이 늘어져 있고 미래과학자거리, 여명거리 등 평양 풍경이 차례로 들어온다. 연회가 벌어지는 날에는 연회 시간에 따라 회전 시간도 조정한다. 예를 들어 1시간 동안 연회가 열리면 1시간 동안 한 바퀴를 돌도록 조정하는 것이다.

이곳은 어떤 사람들이 찾을까? 오전 11시에 영업을 시작하면 평양 시민들은 점심을 먹으러 많이 오고, 저녁시간에는 대체로 호텔에 숙박하는 손님들이 온다고 한다. 오후 10시쯤 와서 야경을 보며 술 한잔하는 손님도 많다. 영업은 밤 12시에 끝난다. 하루에 보통 50명 정도가 이곳을 찾는다고 한다.

이 식당에서 자랑하는 요리는 고려인삼낙곱, 뱀장어구이, 칠보산 송이버섯구이 등이다. 전통적인 한식 외에 스파게티, 피자, 소고기 편구이, 스테이크 등도 제공하고 있다. 유럽 사람들이 이 식당에 많이 오는데 주로 이런 외국 음식을 찾는다고 한다.

술 종류도 다양하다. 각종 칵테일과 위스키를 비롯해 전통적인 인삼술, 녹용술, 송악개성술, 송악소주, 송악찹쌀술 등을 제공한다. 담배도 여러 종류를 구비해놓고 판다.

평양의 변화가 한눈에 들어오는 이곳. 두 도시의 풍경과 그 풍경 속에 담긴 음식들. 음식에는 남과 북이 없다. 서울을 품에 안고 흐르는 한강과 평양의 대동강처럼 양쪽의 음식은 많이 닮아 있다. 두 도시의 맛은 강을 따라 지금도 함께 흐르고 있다.

일 끝나고 한잔, 대동강맥주

정신없이 돌아가는 서울이지만 한강에 가면 여유가 느껴진다. 해 질 녘 강물을 바라보며 맥주를 마시는 시민들도 쉽게 볼 수 있다. 한강에서 마시는 맥주는 왠지 더 맛있게 느껴진다. 평양에도 한강과 닮은 대동강이 있고 대동강 이름을 딴 맥주가 있다. 대동강맥주, 이 맥주는 수년 전까지 남한에도 수입되었는데 남북관계가 악화되면서 수입이 끊겼다. 당시에도 대동강맥주가 맛있다는 평이 많았는데 평양 현지에서, 병이 아니라 생으로 마시는 대동강맥주는 과연 어떤 맛일까? 또 평양 시민들은 맥주를 어떻게 즐길까?

평양의 맥주 맛을 보려면 '경흥맥주집'으로 가야 한다. 평양 곳곳에 대동강맥주집만 약 200곳이 있다. 그중에서 가장 큰 규모의 맥줏집이 바로 이곳, 경흥맥주집이다. 평양 시민들의 맥주 맛집, 대동강맥주 전문점이다. 경흥맥주집의 문 앞 역시 많은 평양 시민들이 줄을 서 있다. 이곳은 점심시간인 12시부터 2시에 한 번 오픈하고 오후 5시부터 7시까지 또 손님을 받는다. 낮이 긴 여름에는 조금 더 길게 영업하기도 한다.

안으로 들어가니 복무원들의 수십 개의 잔에 맥주를 따르고 카트에 실어 나른다. 그럴 수밖에 없는 게, 이곳은 한 번에 1000명이 들어올 수 있는 규모이고 하루에 4000명이 찾기 때문이다. 그렇다 보니 이곳 복무원들의 맥주 거품을 따르는 실력도 '생활의 달인' 수준이다.

경흥맥주집의 송학철 부지배인에 따르면 매일 3.5톤짜리 대동강맥주 차가 들어온다고 한다. 대동강맥주 맛의 비결은 무엇일까? 대동강맥주는 영국의 양조장 설비에 독일 기술을 더해 만든다. 기술

▼ 테이블만 놓여 있는 홀에서 서서 맥주를 마시는 사람들

만큼 재료도 중요하다. 대동강맥주는 양강도 호프와 황해도 보리, 그리고 대동강 지하수로 만든다고 알려졌다. 맥주의 재료인 '호프'라는 식물은 추운 데서 잘 자라서 북한에서 생산하기가 수월하다고 한다.

평양 사람들은 퇴근길에 이곳에 들러 가볍게 맥주 한잔을 마신다. 의자는 없고 드문드문 테이블이 놓인 홀에서 사람들이 모두 서서 맥주를 마시는 장면이 인상적이다.

맥주를 좀 더 자세히 살펴보자. 대동강맥주는 한 종류만 있는 게 아니다. 색이 조금씩 다른데 모두 일곱 가지 종류가 있다.

첫 번째는 주원료가 보리인 맥주다. 100퍼센트 보리맥주! 흑맥주를 제외하면 색이 제일 진하다. 두 번째 맥주는 보리 70퍼센트, 흰쌀 30퍼센트로 만든다. 첫 번째 맥주보다 색이 좀 연하다. 세 번째

▼ 쌀 함유량에 따른 일곱 가지 종류의 대동강맥주

맥주는 보리 50퍼센트, 흰쌀 50퍼센트가 함유되어 있다. 네 번째 맥주는 흰쌀 70퍼센트, 다섯 번째 맥주는 쌀이 100퍼센트 들어간 쌀맥주다. 남은 두 가지 맥주는 보리 80퍼센트, 흰쌀 20퍼센트가 함유된 흑맥주다. 두 맥주는 재료의 함량은 같지만 맛은 다르다. 하나는 초콜릿 맛이 나고 다른 하나는 커피 맛이 난다.

보통 맥주는 보리로 만든다고 알고 있지만 쌀을 사용하는 것이 북한 맥주의 특징이다. 쌀이 들어가면 목 넘김이 부드러워진다. 강한 보리맥주냐, 부드러운 쌀맥주냐, 이곳에서는 맥주를 골라 마시는 재미가 있다. 맥주의 거품이 살아 있고 대체로 남한의 맥주보다 진하다는 느낌을 받았다.

일곱 가지 맥주 중에 평양 시민들에게 가장 인기 있는 맥주는 두 번째 맥주, 보리 70퍼센트, 흰쌀 30퍼센트로 만든 맥주라고 한다. 여성들은 대체로 쌀맥주를 찾고 남성들은 보리맥주를 찾는다. 나이가 많은 사람들은 흑맥주를 즐겨 찾는다.

평양 사람들이 맥주를 무척 좋아한다는 것을 촬영을 하면서도 느낄 수 있었다. 우리와 함께한 북한의 하은석 촬영감독은 특히 맥주를 좋아해서 식사를 하면서 맥주 대여섯 잔은 그냥 마실 정도였다. 이곳의 손님들도 테이블 위에 서너 잔을 기본으로 쌓아놓고 있었다.

맥주를 봤으니 안주가 궁금해졌다. 평양 사람들은 무슨 안주를 먹을까? 역시나 안주를 팔고 있었는데 요리를 해서 파는 게 아니라 주로 포장된 마른안주를 팔고 있었다. '가공 락화생'이라고 쓰인 것은 땅콩이다. 땅콩의 한자어인 '낙화생'을 쓰는 것이 눈에 띈다. 말린 게살과 말린 맛살도 있다. 맛살은 맛조개살을 말한다. 매운 닭발도 있는데 색깔이 하얀 것이 독특하다. 우리도 흔히 먹는 마른 오징어 역시 빠질 수 없다.

▲ 땅콩, 오징어 등 주로 마른안주를 맥주와 함께 즐기는 평양 시민들

그런데 봉지에는 '낙지'라고 쓰여 있다. 북한에서는 오징어를 낙지라고 부른다. 이곳의 손님들은 서서 맥주를 마시기 때문에 가벼운 안주를 선호하는 것으로 보인다.

두 도시의 고단함을 달래는 맥주

맥주에 마른안주. 맥주를 즐기는 입맛도 두 도시가 닮아 있다. 서울 을지로 3가에는 요즘 '힙'해진 맥줏집이 있다. 스무 곳의 맥줏집 중 터줏대감인 '오비베어'. 이 집은 1980년에 문을 열었는데 거의 40년 동안 한결같은 맥주 맛을 유지하고 있다. 비법은 온도다. 겨울에는 4도, 여름에는 2도, 사계절에 따라 온도가 조금씩 다르다. 요즘 많이 쓰는 급속냉각기를 쓰지 않고 냉장 숙성 맥주로 미세하게 온도

조절을 한다.

해가 지면 이곳에 간이탁자가 깔리고 사람들이 모여든다. 과거 인쇄 골목 노동자들의 쉼터였던 것처럼 지금도 퇴근길 직장인들로 가득하다. 골목이 유명해지면서 최근엔 젊은 여성들도 많이 찾는다. 치맥과 피맥이 유행인 시대에 이 골목의 대표 안주는 노가리, '노맥'이라고 부른다.

노가리 안주를 개발한 이가 바로 이곳 오비베어의 창업자인 강효근 씨다. 지금은 2대 사장인 강호신 씨가 아버지의 뒤를 이어 가게를 운영하고 있다. 강효근 씨는 황해도 출신이었다. 그래서 북한에서 먹던 것처럼 김장김치에도 명태를 넣어 담가 먹었다. 안주를 고민하던 중에 바로 바싹 말린 새끼 명태인 노가리를 떠올렸고 특제 소스까지 만들어서 내놓게 되었다. 그때는 100원에 팔던 노가리를 지금은 1000원에 팔고 있다.

오랫동안 맥주 안주의 대명사처럼 여겨졌던 노가리 안주는 한 실향민의 고향을 그리워하는 마음에서 시작되었다. 그것을 김치에서 떠올렸다는 것도 흥미롭다. 이렇듯 맛에 대한 기억은 힘이 세다.

평양에서도, 서울에서도 하루가 저물 즈음이면 시민들은 맥주 한 잔으로 일상의 고단함을 푼다. 팍팍한 하루하루를 시원하게 씻어 넘기며 사람을 만나고 소통한다. 서울이나 평양이나 맥주 한잔이 사람과 사람을 이어준다. 짝태나 먹태나 노가리가 모두 같은 명태로 이어지듯이.

평양

서울

맥주의 종류나 즐기는 방법은
좀 다를지라도 서울에서나 평양에서나 맥주는
일상의 고단함을 풀어주고
사람과 사람을 이어주는 매개체가 된다.

◆ 박찬일과 함께 맛보는 서울과 평양 ◆

셰프이자 작가인 박찬일 씨는 북한 음식에 관심이 많아 북한 서적을 통해 연구해왔다. 그가 본 평양 음식, 그리고 서울과 평양의 음식 문화에 대해 물어보았다.

대동강맥주는 우리 맥주와 어떻게 다른가요?

맥주는 평양 시민이 즐겨 마시는 술이에요. 우리도 맥주를 즐겨 마시지만 일반적으로 앉아서 마시지 서서 마시지 않잖아요. 그런데 경흥맥주집을 보면 다들 맥주를 서서 즐기죠. 독일이나 영국에는 카운터에 서서 맥주를 한두 잔 마시고 가는 문화가 있는데 그것과 흡사해요. 사실 우리도 맥주를 많이 마시지만 국산 맥주는 다양하지 않죠. 흑맥주의 종류가 적고 밀맥주는 찾아보기 힘들고요. 북한은 맥주 기술 자체도 독일에서 들여왔기 때문에 독일 맥주의 스타일이 반영되어 있어요. 독일과 북한은 인적, 물적 교류가 오랫동안 이어져왔거든요. 그래서 그런 맥주 제조 기술이 유지될 수 있지 않았나 싶습니다.

다만 쌀을 넣는 건 북한 맥주의 특징이죠. 스페인이나 일본, 우리나라에서 쌀이 들어간 맥주를 만드는 기술이 있긴 하지만 북한처럼 쌀이 50퍼센트까지 들어가는 건 처음 봤어요. 쌀이 들어가면 목넘김이 부드럽고 감칠맛이 강해요. 또 맥주에는 호프라는 초본식물이 들어가야 하거든요. 그게 알싸한 맛을 줘요. 그런데 호프는 추운 데서 잘 자라기 때문에 북한에서 생산하기가 쉬운 걸로 알고 있습니다. 우리는 수입을 하지 생산하기는 어려운 면이 있어요.

평양 시민들이 저런 맥줏집을 엄청나게 즐긴다는 건 옷차림을 보면 알 수 있어요. 노동자 복장을 한 사람들이 많거든요. 그러니까 일을 마치고 여가를 즐기는 문화에 맥주가 들어와 있는 거죠. 관서 지방 남자들이야 조선 시대부터 술을 즐기기로 유명했고 지금 북한에는 여성들도 꽤 많이 맥주를 즐기는 걸 볼 수 있어요.

서울과 평양의 음식 문화가 어떻게 다른가요?

북한에서 발행하는 여러 서적을 보면 평양의 4대 명물이 꼭 나와요. 냉면이 제일 먼저 나와 있고 그다음에 온반, 대동강 숭어국, 녹두지짐이 나와요. 서울에서도 냉면과 녹두지짐은 평양 음식을 제공하는 곳에서는 보통 세트로 묶여 있죠. 그런데 온반은 서울에서는 잘 팔지 않아요. 우리는 설렁탕과 곰탕이 있기 때문에 굳이 평양식 온반을 잘 먹지 않았던 거예요.

곰탕은 남쪽 따뜻한 지방에는 없어요. 겨울이 춥고 건조한 지방에서 발달한 음식이에요. 그래서 곰탕이나 설렁탕 같은 건 서울 이북에서 많이 발달했죠. 또 개성온반도 유명합니다. 서울이 조선 시대의 도읍이 되기 전까지는 개성권이었고 개성과 같은 음식 문화를 가진 시골이었으니까요.

불고기 문화도 남북한에 모두 있었어요. 불고기는 원래 서울과 평양에서 유명했었죠. 원래 석쇠에 굽는 음식이었고 조선 시대 때 불고기를 먹는 문화가 전국적으로 퍼졌어요. 그런데 소는 농사일을 해야 하니까 소를 잡지 못하게 하는 금살도감이 설치된 적도 있었죠. 그만큼 우리나라 사람들이 소고기를 좋아합니다. 김홍도의 그림을 봐도 불고기를 구워 먹는 장면이 나옵니다. 북한은 아직 옛날식 불고기가 남아 있죠. 반면 우리는 6·25 전쟁 후 서양 문화가 많이 들어오고 이를 자유롭게 받아들이면서 불고기가 변화했어요. 북한처럼 너비아니 형태의 불고기는 맥이 끊기고 물이 많은 불고기로 바뀌었어요. 심지어 뚝배기 불고기는 국물이 꽉 차 있죠.

촬영 영상을 보면서 역시 사람 사는 데는 다 똑같다는 걸 느꼈습니다. 그중에서도 우리 민족이 사는 모습은 별 차이가 없다는 것을 음식 문화에서 극명하게 느껴요. 그러면서도 평양만의 고유성을 지키고 있는데요. 이는 북한이 폐쇄된 사회이고 외국과 교류가 적었기 때문이기도 하지만 고유한 음식 문화를 지키는 자세에서 배울 점도 있다고 생각합니다.

음식에는 맛과 영양 그리고 문화가 들어 있습니다. 평양 시민들도 여가활동을 하며 음식을 먹고 외국인을 대접하기도 하죠. 그런 면에서 우리는 하나도 다르지 않다는 생각이 들었습니다. 특히 노동자들이 일 끝나고 맥줏집에서 맥주를 마시며 여유를 즐기는 모습을 보면 더욱 그런 걸 느껴요.

평양에 부는
서구식 문화의 바람

2000년대 후반부터 평양 길거리에는 청량음료점이 많이 들어섰다. 청량음료점이란 북한에서 '속성음식'이라고 부르는 패스트푸드점이다. 이제 피자와 햄버거, 핫도그, 와플은 평양 시민들에게 낯설지 않은 음식이다. 평양에도 서구 음식의 바람이 불고 있는 것이다.

그 변화에 앞서 평양에 새로운 바람을 몰고 온 식당이 있다. '별무리차집'. 이름은 찻집이지만 2005년에 문을 연 평양 최초의 유럽식 식당이다. 피자, 스파게티, 햄버거, 샌드위치와 같은 서구식 음식을 평양 시민들에게 처음으로 소개한 곳이다.

이곳에서는 봉사원 6명과 요리사 6명이 오전 10시부터 오후 10시까지 영업을 한다. 점심시간과 저녁시간에는 하루 70명에서 100명까지 받고 식사 시간이 아닐 때도 차를 마시러 오는 손님이 50명

▲ 별무리차집의 모습　　　　　　　▲ 비행기 내부를 본뜬 인테리어

정도 된다. 이름이 찻집인 만큼 여기서는 차도 마실 수 있다. 인삼
차와 홍차, 녹차를 비롯해 12가지 차를 제공하고 있다. 그러나 이곳
은 찻집이라기보다 레스토랑에 가깝다. 다양한 서구식 음식을 팔지
만 가장 많이 나가는 메뉴는 피자라고 한다.

　실내 인테리어는 비행기 내부를 본떴다. 테이블 옆에는 비행기 창
모양이 나 있고 그 안에 구름 그림이 걸려 있다. 손님들이 다른 나라
에 직접 가지 않아도 여기서 비행기를 타고 세계 요리를 먹는 듯한
기분을 느끼도록 하기 위해서다.

　주방에 가니 마침 새우치즈피자를 굽고 있어서 그 과정을 지켜볼
수 있었다. 먼저 도우를 밀고 새우, 올리브, 토마토, 치즈를 올려 오
븐에 굽는다. 피자가 완성되면 생햄과 생바질을 얹고 바질 가루까
지 뿌린다. 별무리차집이 자랑하는 바로 이것! 생바질이다. 이탈리
아 음식에 많이 사용되는 향신료인 바질을 식당 뒤쪽에 직접 심어
서 키운다. 평양에서 유일하게 생바질을 사용하는 식당이다. 지배인

▲ 도우를 만들고 새우와 생햄, 생바질 등을 올려 만든 피자

은 "바질향 가루를 수입하다가 천연으로 재배하기 시작했는데 손님들도 좋아하고 우리도 긍지가 높습니다"라고 말한다. 바질을 키운다는 건 식문화가 어느 정도 발달되었다는 상징으로 볼 수 있을 것이다. 완성되어 나온 피자의 모습은 어딘가 조금 예스럽기도 하지만 피자 맛의 본토인 이탈리아에서 받아들인 것 같은 느낌도 든다.

별무리차집에선 계절에 따라 다양한 재료로 만든 수프를 무료로 제공한다. 우리가 갔을 때는 마침 토마토 철이라 토마토크림국(수프)을 준비해놓았다. 감자 철에는 감자크림국, 호박 철에는 호박크

▲ 손님이 전화주문한 피자를 담아주는 박스

림국, 강냉이 철에는 강냉이크 림국을 준비한다.

평양에 사는 외국인들도 이 곳의 단골손님이다. 이란대사 관 직원을 만났다. 대사관 동료 들도 이곳을 자주 찾는다고 한 다. 배달은 아니지만 전화 주문 후에 가지러 오는 손님들도 꽤 볼 수 있었다. 우리처럼 네모난 피자 박스에 담아준다. 박스에 적힌 평양의 전화번호를 보니 지역번호가 서울과 똑같은 '02'였다. 우리 와 너무나 닮은 모습을 의외의 곳에서 발견할 때마다 놀라움과 친 근감이 교차하는 묘한 느낌을 갖게 된다.

▼ 결혼기념일을 맞아 별무리차집을 찾은 손님들

이곳 메뉴판에서 생각지도 못한 음식을 하나 발견했다. 퐁뒤다. 퐁뒤는 스위스 음식으로 치즈로 만든 소스에 빵이나 감자, 토마토 등을 찍어 먹는 요리다. 레드와인까지 곁들인다. 새로운 음식들이 메뉴에 등장하고 있는 것이다. 평양의 음식에는 분명 변화가 일어나고 있었다. 그런데 이 새로운 요리를 위한 식재료는 어디서 조달하는 걸까? 김영일 조선요리협회 연구사에 따르면 강동 지역에 염소 목장이 있어서 거기서 젖을 생산해 치즈를 만든다고 한다.

피자와 퐁뒤뿐 아니라 생일 케이크도 주문할 수 있다. 별무리차집의 주방에선 못 만드는 게 없는 걸까. 케이크를 주문한 손님이 마침 찾으러 왔다. 아버지 생신이라 온 가족이 모인다고 한다. 손님들은 저마다의 이유로 이곳을 찾는다. 결혼기념일을 자축하러 온 부부도 만날 수 있었다. 10년 전에 여기서 선을 봤다는 재미있는 사연을 들려줬다. 축하와 기념에 음식이 빠질 수 없다. 그렇게 음식은 우리 추억의 한 부분을 차지한다.

평양의 이탈리안 레스토랑

별무리차집이 생긴 뒤 평양에는 현재 여섯 곳의 피자집이 생겼다. 그중 한 곳인 '이딸리아요리 전문식당'에도 가보았다. 벽에는 '이름난 식당료리 등록증'이라는 글씨 아래에 메뉴들의 등록증이 늘어서 있었다. '스빠게띠 봉골레', '스빠게띠 뽀모도로', '살라미 피자', '칼초네 피자', '뻬뻬로니 피자' 등 표기법은 약간 달라도 우리에게 익숙한 메뉴들이다.

▲ '이딸리아요리 전문식당'의 모습과 메뉴
　등록증

주방에는 모두 일곱 명의 요리사가 일하고 있다. 이들은 하루 100개 이상의 피자를 만들어낸다. 2008년에 지배인과 스파게티를 만드는 요리사, 피자 만드는 요리사 세 명은 한 달간 이탈리아에서 요리 연수를 받고 왔다고 한다. 그래서인지 조리 방법도 식재료도 이탈리아식으로 하려는 노력이 엿보인다. 또 이곳의 요리사가 김치를 넣은 퓨전 피자를 개발했는데 반응이 좋다고 한다. 이탈리아식 피자뿐 아니라 이렇게 응용해 만든 피자까지 총 스무 가지 이상의 메뉴를 만들고 있다.

홀에 들어서니 접대원들이 손님에게 '탄산단물'을 따라주고 있었다. 테이블에 둘러앉은 손님들이 피자나 스파게티를 먹고 있었다. 포크와 나이프로 피자를 잘라 먹으며 맥주나 탄산단물을 마신다. 살라미 피자를 가장 좋아한다는 한 손님은 처음에 이곳을 방문했을 때는 입에 잘 맞지 않았다고 한다.

"조금 메스껍기에…."

조금 느끼했다는 뜻인 것 같다. 그런데 사람들이 하도 먹으니까 본인도 한두 번 더 먹어봤는데 그제야 맛을 느꼈다고 한다. 이제는 너무 자주 먹어서 우리 음식처럼 입에 붙는다는 말도 덧붙였다. 함께 온 다른 손님 역시 처음에 피자를 먹었을 때는 맛있는지 몰랐는데 계속 먹다 보니까 2~3일에 한 번은 꼭 생각난다고 한다. 역시 음식은 경험이고 학습이라는 생각이 들었다. 처음에는 낯설어도 반복해서 먹으면 그 맛을 알게 되는 경우가 많다. 그런 경험을 하고 나면 새로운 것에 대한 경계가 조금씩 풀린다.

평양의 서구화를 엿볼 수 있는 또 다른 곳, 평양의 번화가인 창천 거리에 있는 해맞이 식당에 갔다. 북한은 대체로 식당이 있는 곳에 옷 같은 잡화와 식료품을 파는 곳이 함께 있다. 아직 시장과 경쟁에 의해 세분화가 되지 않았기 때문인 듯하다. 이곳 역시 1층에는 슈

▼ 해맞이 식당의 모습

퍼마켓과 대중식사실이 있고, 2층에는 개별식사실과 해맞이 커피라는 카페가 있다. 대중식사실과 개별식사실의 차이가 뭔가 보니, 제공하는 음식이 다르다. 대중식사실에서는 각종 비빔밥과 소고기편구이를 제공하고, 개별식사실에서는 세계 여러 나라의 요리를 맛볼 수 있다. 또한 식당은 24시간 내내 운영된다. 직원들이 교대로 일하며, 하루는 일하고 다음 날에는 쉰다고 한다.

해맞이 커피는 카페로, 인테리어나 분위기가 아주 고급스러운 곳이었다. 바리스타 봉사원이 능숙한 손놀림으로 아메리카노를 만들고 에스프레소를 뽑는다. 메뉴에는 핸드드립부터 라테까지, 우리에게도 익숙한 커피 종류가 즐비하다. 더욱 인상적인 것은 이루마 씨의 피아노곡인 〈Kiss the Rain〉이 흘러나오고 있었다는 점이다.

북한에 커피가 언제 들어왔는지는 문서화된 것이 없어 정확하게 알기 어렵다. 그러나 1970년대부터 커피를 비롯해 음식 문화가 크게 달라지기 시작했다고 한다. 처음 커피가 들어왔을 때는 대체로 브라질 커피와 러시아 커피가 있었고, 에스프레소를 주로 즐겼다고 한다.

우리는 아메리카노 두 잔을 주문했다. 이탈리아산 에스프레소 브랜드인 라심발리(La Cimbali)가 눈에 띈다. 원두를 분쇄기에서 갈아 에스프레소를 내려 아메리카노를 만든다. 라테아트도 한다. 라테 위에 비둘기를 그려서 손님에게 서빙한다.

2010년에는 프랑스에서 전문가를 초빙해 바리스타 강의도 받았다고 한다. 커피 재배 방법부터 기계의 동작 원리, 커피 만드는 방

▲ 해맞이 커피의 내부 풍경

법에 이르기까지 세심하게 배웠다고 한다.

케이크 진열대와 빵 진열대도 살펴보았다. 조각 케이크, 파이, 슈 등이 있다. 모두 1.6달러에서 1.7달러 정도의 가격이다. 디저트류와 빵들 역시 모두 이곳 주방에서 만들고 있었다.

이처럼 평양에는 서구 문화의 바람이 불고 있다. 유럽에 요리 연수를 다녀와 자부심 넘치는 요리사들이 있었고, 서구 음식을 자연스럽게 즐기는 시민들이 있었다. 폐쇄된 나라라는 이곳에서도 사람들이 낯선 음식에 익숙해지는 데는 그리 오랜 시간이 걸리지 않은 것 같다. 우리가 모르는 사이 서울과 평양의 식문화는 조금씩 닮아가고 있었던 건 아닐까?

◆ 한국의 경양식 ◆

한국 경양식의 역사

평양의 레스토랑을 보면 우리나라 1970~1980년대의 경양식당을 떠올리게 한다. 한국 최초의 경양식당은 일제강점기였던 1925년 경성역(서울역) 안에 개점한 '그릴'이다. 1967년에는 최초의 이탈리안 식당 '라칸티나'가 문을 열었다. 1970년대 이후로 경양식은 고급 음식으로 인기를 끌었다. 1990년대에는 패스트푸드 햄버거가, 2000년대 이후에는 패밀리레스토랑이 등장해 외식문화를 주도했다. 그 후로 패스트푸드보다 수제 버거가 인기를 끌고 패밀리레스토랑은 쇠퇴하고 있다.

최초의 경양식당, 그릴

1925년 경성역 2층에 만들어진 최초의 경양식당 '그릴'은 모던보이들의 핫플레이스였다. 소설가 이상, 박태준 등도 이곳을 자주 찾았다고 한다. 경성역은 해방 후 1947년에 서울역으로 명칭을 바꿨다. 2004년에는 신역사를 세워 서울역을 이전했고 이때 그릴도 신역사 4층으로 이전해 명맥을 이어가고 있다.

  스테이크와 스파게티를 비롯해 오므라이스, 돈가스 등의 메뉴가 있고 커피와 차도 판매한다.

최초의 이탈리안 레스토랑, 라칸티나

1967년에 을지로에 오픈한 '라칸티나'는 이탈리아어로 '와인 저장고(La Cantina)'라는 뜻을 갖고 있다. 원래 삼성 본사 구내식당이었던 자리에 처음 문을 열었는데 처음에는 스테이크, 피자 등에 이탈리아 음식을 추가한 정도였으나 1982년 사장과 요리사가 바뀌면서 본격적으로 이탈리아 전문 음식점이 되었다. 식당의 소품들도 거의 옛것을 유지하고 있으며 한때 이탈리안 레스토랑의 필수였던 마늘빵도 여전히 제공되고 있다.

평양의 대표적인 물놀이장인 문수물놀이장.
우리나라의 워터파크와 비슷하다.
물놀이장뿐 아니라
실내 체육관과 각종 편의시설을 갖추고 있다.

평양의
여름

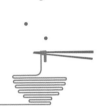

    2018년 여름, 한 잔의 맥주가 더욱 절실했던 건 한반도를 뒤덮은 사상 최악의 폭염 때문이었다. 역대급 무더위는 서울만이 아니었다. 평양도 2018년 8월에 역대 최고 기온을 기록했다. 뜨거웠던 여름을 평양 시민들은 어떻게 보냈을까? 평양에서도 우리처럼 물놀이장에 가고 놀이동산도 간다. 또 스포츠를 즐기며 여가를 보내기도 한다.

    평양에서 가장 큰 수영장은 '문수물놀이장'이다. 서울의 워터파크와 비슷한 이곳은 2013년에 문을 열었다. 실내 물놀이장과 야외 물놀이장 그리고 실내 체육관으로 되어 있는데, 야외 물놀이장은 6월부터 10월 10일까지 문을 열고 실내 물놀이장은 사계절 내내 문을 연다.

▲ 뜨거운 여름, 물놀이를 즐기는 평양 시민들의 모습

오전 9시부터 오후 7시까지, 물놀이장이 문을 여는 동안 다양한 사람들이 이곳을 찾는다. 많이 들어올 때는 실내와 야외를 포함해 1만 2000명에서 1만 5000명까지 들어온다고 한다.

우리는 야외 물놀이장으로 가보았다. 미끄럼틀을 비롯한 다양한 놀이시설이 있지만 그중에서도 가장 인기 있는 건 파도풀이다. 아이들보다 어른들이 더 즐거워 보인다. 다이빙은 구경하는 재미가 쏠쏠하다. 비록 자세는 아마추어지만 용기는 프로다. 물총을 쏘며 노는 아이들, 수영장에 설치된 시소를 타는 엄마와 아이도 보인다.

가족끼리, 혹은 친구끼리 삼삼오오 짝을 지어 이곳에 온 사람들, 한 주 동안 일하며 쌓인 피로와 스트레스를 이곳에서 날려 보내는 듯하다.

"오늘이 주말이라서 한 주 동안 일한 피로를 풀려고 왔습니다."

함께 온 두 여성은 일주일에 한 번은 이곳에 온다고 한다. 스트레스가 전부 물에 휩쓸려 나가는 것 같다며 아이같이 천진한 웃음을 지어 보였다.

실내 체육관에는 러닝머신 위를 달리는 사람들, 사이클을 타는 사람들도 보인다. 배구장에서는 배구 한판이 벌어지고 있다. 그 외에도 농구, 탁구, 배드민턴, 볼링까지 다양한 경기를 즐길 수 있다.

다양한 부대시설도 많다. '리발실'이라고 쓰인 곳의 문을 여니 이발소가 펼쳐진다. 평양의 이발소는 어떨까? 이발에서 면도까지

▼ 문수물놀이장 안에 있는 이발소

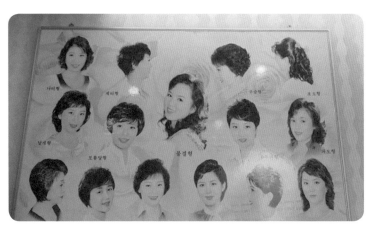
▲ 미용실에 있는 머리 형태 소개판

한 장소에서 끝난다. 서울에도 예전에는 머리를 깎아주고 면도까지
해주는 이발소가 많았는데 평양에서 그 풍경을 다시 만났다.

　미용실에서는 평양의 최신 유행을 알 수 있다. 머리 형태 소개판
이 있는데, 손님들이 자기 얼굴형과 기호에 맞는 헤어스타일을 선
택하고 미용 봉사를 받을 수 있다. 짧은 머리부터 긴 머리까지, 젊
은 스타일부터 중년에 맞는 스타일까지 종류가 다양하다. 나비형,
제비형, 보름달형, 갈매기형, 포도형 등 모양에 딱 맞는 작명 센스
가 돋보인다.

　간식을 파는 매점에는 소시지와 달걀, 만두밥과 북한식 초코파이
가 있다. 김밥 역시 간편식으로 인기다. 가스맥주라는 것도 있는데
평양에서는 생맥주를 가스맥주라고 부른다. 시원한 '단물음료'도
많이 팔린다.

▲ 물놀이장에서 맛볼 수 있는 맥주, 꼬치 등의 먹거리

놀이동산과 패스트푸드

개선청년공원은 모란봉 기슭에 있는 유희장이다. 유희장이란 놀이동산을 뜻하는데 개선청년공원은 우리로 치면 롯데월드 같은 곳이다. 이곳은 1983년 2월에 착공해서 1984년 7월에 완공했다. 39만 평방미터 정도의 부지에 약 6만 4000평방미터의 유희장을 건설했다.

개선청년공원은 개선문과 인접해 있는데 공원이라는 이름에 걸맞게 자연풍경이 아름답게 펼쳐졌다. 그래서인지 휴식구를 설치해서 분수와 폭포, 연못 등을 만들어놓았다. 평양 시민들이 여유롭게 거닐며 여가를 즐기는 모습이 보였다. 물론 놀이기구도 있었다. 범퍼카며 회전그네, 자이로드롭까지 있었고 사람들이 즐겁게 놀이기구를 타는 것이 보였다.

놀이동산에서 빠질 수 없는 것이 버거 같은 음식이다. 이곳에도 맥도날드를 연상시키는 매장이 보였다. 바로 개선빵집이었다. 가게에 들어가니 메뉴가 눈에 띄었다.

'핫도그, 프렌치 프라이, 치킨, 햄버거, 와플, 크루아상 샌드위치, 음료'

우리에게 너무나 익숙한 음식들 아닌가. 이곳에는 햄버거, 핫도그를 비롯해 수많은 종류의 빵들이 있었다. 잠시 평양 시내에 맥도날드가 들어온 모습을 상상해보았다.

햄버거 만드는 과정을 지켜보았다. 철판에 기름을 두르고 패티를 올려 굽는다. 햄버거 번은 반을 잘라 굽고 그 위에 상추, 양파를 올

▼ 개선빵집에서 판매하는 햄버거와 와플 그리고 핫도그

리고 케첩처럼 보이는 소스를 뿌린다. 그런 다음 패티를 올리고 하얀 소스를 뿌린다. 아마 마요네즈인 것 같다. 이제 햄버거 번을 덮으면 완성이다. 종이로 포장까지 해서 트레이에 올려 손님에게 나간다. 모양이나 맛이나 남한에 햄버거가 막 들어오던 시절의 햄버거를 연상시킨다.

각종 빵 역시 이곳에서 직접 굽는다. 반죽기로 밀가루를 반죽하고 기계에서 발효시킨다. 오븐에 넣어 노릇하게 구운 빵들이 나오고 있었다. 야채빵, 식빵, 크루아상이 보이고 물고기 모양, 하트 모양 등 다양한 모양의 빵이 있다. 와플도 우리가 아는 와플 틀에 반죽을 부어 굽는다. 핫도그는 핫도그 번을 구워서 상추를 올리고 케첩을 뿌린 다음 소시지와 양파를 넣는다. 옆에서는 토막을 내고 튀김옷을 입힌 닭을 튀김기에 튀긴다. 아이들을 데리고 놀이동산에 갔다가 빵집에 가서 햄버거나 핫도그를 먹으며 가족끼리 즐거운 시간을 보내는 풍경이 이곳에도 있었다.

승마를 즐기는 평양 시민들

평양 시민들이 여가생활을 어떻게 즐기는지 더 보고 싶었다. 평양에서도 승마를 즐기는 곳이 있다고 하기에 미림승마구락부를 방문했다. 미림승마구락부는 2013년 10월에 문을 열었다. 이곳에는 독일 종, 영국 종 등 8가지 품종의 말 120필이 있다고 한다. 경마를 배우러 오는 사람은 하루에 150명에서 200명 정도. 승마애호가협회가 있어 애호가들이 많이 찾고 4월과 10월에는 승마경기대회도

▲ 미림승마구락부의 내부 모습

열린다.

우리와 함께한 오은정 문화해설사가 승마를 체험해보기로 했다. 장비를 갖추고 말에 오르자 승마 선생님이 말고삐를 잡고 설명을 시작했다.

"말을 잘 타려면 자세부터 잘 잡아야 합니다."

주변을 보니 말을 타고 있는 학생들이 많이 보였다. 이곳에서는 어릴 때부터 승마를 전문적으로 가르쳐 세계승마경기대회에 나가는 것까지 염두에 두고 있다고 한다. 12세부터 15세까지의 학생들을 뽑아 승마를 가르치는데 우리로 치면 방과 후 수업 같은 것이다. 학생들은 오전에는 학교에서 공부를 하고 오후 2시부터 여기에서 말을 탄다. 총 2년제로 운영되며 4월부터 10월 말까지, 1년에 6개월 동안 수업을 한다. 2년 과정이 끝나면 우수한 학생들에게는 기

▲ 미림승마구락부 학생들

마수 자격증을 수여한다.

승마 지식 보급실에 가니 마침 수업을 하고 있었다. 여학생과 남학생이 섞여 앉아 있고 선생님은 스크린을 가리키며 수업을 한다. 스크린에는 '훌륭한 기마수는 따로 태어난다는 교육도 있지만 성공적인 말 타기의 기초는 누구나 배울 수 있다!' 라고 쓰여 있다.

여기 있는 학생들은 어떻게 오게 되었는지 궁금했다. 수업을 듣던 여학생에게 물어보았다. 중학교 고급 3학년에 다니고 있는 열여섯 살 여학생은 텔레비전에서 이 승마구락부에 관한 내용을 보고 어머니에게 타고 싶다고 했단다. 학생은 집에서 외동이라 부모님은 처음에 위험하다고 허락을 안 해줬지만 너무 가고 싶어 해서 결국 허락해줬다고 한다. 그렇게 이곳에서 승마를 배운 지 2년째가 되었고 졸업을 앞두고 있다. 졸업한 뒤에는 기마수가 되고 싶다고 했다.

다른 학생들 역시 비슷했다. 주로 텔레비전에서 말을 타는 것을 보고 배우기로 결심을 했다고 한다. 부모님의 반응도 처음에는 썩 내켜 하지 않았지만 본인이 떼를 써서 오게 되었다는 학생들이 많았다. 이곳을 졸업한 뒤에는 대부분 기마수가 되는 것을 꿈꾸고 있었다.

어느 사회든 사람이 가진 욕망은 같다. 누구에게나 잘 먹고 잘 놀고 잘 쉬는 것이 중요하다. 물놀이장과 유희장 그리고 승마장에서 우리는 일과 반복되는 생활에서 잠시 벗어나 놀이와 휴식을 즐기는 사람들을 보았다. 살아 있고 다채로운 표정이었다.

◆ 평양의 문화유산을 찾아서 ◆

평양에는 우리와 역사를 공유하는 문화유산이 많이 있다. 고구려 시대에 세워지고 조선 시대를 거쳐 역사의 풍파를 견뎌온 유적을 찾았다.

고구려 시대의 유적, 을밀대

을밀대(乙密臺)는 서울의 유명한 평양냉면집 이름으로 아는 사람이 더 많겠지만 고구려 시대의 누정이다. 6세기 중엽 고구려가 평양을 수도로 정하고 장안성을 쌓으면서 그 북장대(北將臺)로 을밀대를 세웠다. 북장대란 내성과 외성에 포진한 성의 병력을 지휘하던 곳이다. 그래서 을밀대는 외적을 물리치는 데 중요한 역할을 했다. 임진왜란 때는 왜적이 강 건너에서 쳐들어오는 것을 막는 데 기여하기도 했다.

을밀대라는 이름은 어떻게 붙은 것일까? 여기에는 몇 가지 유래가 있다. 하나는 이곳을 지킨 고구려 장군 이름이 을밀 장군이라 을밀대라고 부른다는 것. 또 하나는 을밀대가 있는 봉우리를 을밀터 또는 을밀원독이라고 하기 때문에 그런 이름이 붙었다는 것이다. 전설에서 유래했다는 설도 있다. 을밀 선녀가 여기 와서 자주 놀기도 했다고 해서 을밀대라고 불렀다는 설이다.

을밀대가 있는 축대는 높이 11미터로, 고구려의 축성술을 엿볼 수 있다. 큰 돌들을 쌓아가다가 위쪽에는 작은 돌들을 쌓았고 밑돌과 윗돌 사이가 맞물리게끔 해서 윗돌이 밀려나가지 않게 했다. 마치 강냉이 알처럼 다듬은 돌들을 견고하게 쌓은 성벽이었기에 수백 년이 지난 지금까지 남아 있는 것일 터다.

'평양성'이라고 적힌 비석이 보였다. 계단을 오르니 동안문이 나타났다. 동안문은 평양성 동쪽에 있는 앞문으로, 평상시에는 막아 놓았다가 비상시에만 여는 비밀문과 같았다. 전쟁이 나거나 하면 군사들이 이 문을 통해 나가서 정찰을 하고 적군을 습격하기도 했다. 군사들만 임무를 수행하러 나가는 문이었던 것이다.

동안문이 있다면 서안문도 있었을까? 우릴 안내해준 전문가는 지금은 없지만 있었을지도 모른다고 말했다. 그간 성벽들이 많이 없어지면서 앞문이 있던 곳도 없어졌기 때문이다.

평양성의 동쪽 성문, 대동문

대동문은 평양성의 동쪽 성문으로 조선 시대의 대표적인 성문 중 하나다. 북한에서도 국보 유적 제4호로 등록되어 있다. 드디어 대동문 앞에 섰다. 우아하고 웅장한 느낌이다. 얼핏 봐도 우리 남대문이나 동대문과 비슷해 보였다. 어찌 보면 당연한 일이지만 새삼 친근감이 들었다.

대동문이 세워진 건 6세기 고구려 때이지만 이후 고려 시대와 조선 초기에 걸쳐 여러 차례 보수하고 재건했다. 947년 고려 3대 왕인 정종 때 한 번 고치고, 이후 원나라가 침략했을 때 파괴된 것을 1392년에 다시 고쳐 세웠다. 6·25 전쟁 때도 피해를 입었지만 원상복구되었다.

대동문은 화강암을 정교하게 다듬어서 쌓아 올린 것으로 평양에 있는 석문 가운데 가장 크다. 예로부터 가장 중요한 문이기도 해서 우리 선조들이 임진왜란에도 이 문을 통해 드나들며 외적을 물리쳤다고 한다. 축대와 문루를 포함한 문의 전체 높이는 19미터이고 축대의 길이는 26.3미터, 너비는 14.25미터다. 축대의 한가운데에는 홍예문을 냈는데 네 모서리가 바깥쪽으로 점점 넓어지는 형태로 만들어 안정감을 줬다.

문루에는 18개의 기둥이 있는데 중간에 6개 모서리에 12개를 놓았다. 모서리의 기둥들은 중간 기둥들보다 굵고 높으면서 안쪽으로 약간 기울어지게 했는데 이 역시 안정감을 강조하는 느낌이다.

▼ 대동문의 현판

정면의 1층 문루에는 '대동문(大同門)'이라고 쓰인 현판이 걸려 있다. 16세기 초 조선의 시인이었으며 명필로 유명했던 양사언이 초서로 쓴 현판이다. 양사언은 한석봉과 어깨를 나란히 할 정도로 조선 4대 명필로 꼽혔다.

2층 문루에는 '읍호루(挹湖樓)'라는 현판이 걸려 있다. 이것은 고려 말·조선 초기의 무신이자 명필이었던 박위가 쓴 것이다. 읍호루는 무슨 뜻일까? 대동강 누대 위에서 흐르는 대동강 물을 한 손으로 떠 올릴 수 있다는 뜻이다. 대동문에서 보이는 자연경관을 그대로 표현한 대동문의 별칭인 셈이다. 단어 하나에 옛 사람들의 풍류를 느낄 수 있다. 현재 대동문은 일반 사람들에게도 개방되어 있어 평양 시민들은 여름철 이곳에서 피서를 즐기기도 한다. 저 누대에 누워 대동강 물을 바라보면 어느 피서지 부럽지 않을 것 같다.

명종으로 꼽히는 평양종

평양종은 북한의 국보 문화유물 23호로 지정되어 있다. 개성의 연복사 종, 강원도 평창의 상원사 동종, 경주의 성덕대왕신종, 천안의 성거산 천흥사명 동종과 함께 우리나라 5대 명종으로 꼽힌다. 높이 3.1미터, 직경 1.5미터에 무게는 거의 13톤에 달한다.

평양종은 원래 대동문 위에 걸려 있었는데 1814년에 평양성에 종각을 세우면서 그곳으로 옮겼다고 한다. 남한에서는 1827년에 지금의 장소로 옮겼다고 알려져 있어 북한 전문가의 설명과 차이가 있었다. 지금 우리가 보는 평양종은 1726년에 새로 주조한 것이 지금까지 남아 있는 것이라고 한다. 평양종은 아주 오래전부터 존재해왔지만 언제 최초로 만들어졌는지는 알 수 없다는 설명도 들었다.

평양종은 예로부터 평양성 사람들에게 시간을 알려주는 중요한

▲ 평양종

신호 수단이었다. 매일 새벽 4시경에 성문을 열라는 의미로 33번 종을 쳤고 오후 10시경에는 성문을 닫으라는 뜻으로 28번을 쳤었다. 또 전쟁이나 재해가 일어날 때면 종을 울려서 성 안 사람들에게 알렸다.

　종의 가장 윗부분에는 용틀임 모양 조각을 붙여 고리로 이용했다. 그 밑으로 종을 6단으로 나눠 여러 가지 모양을 조각했는데 부처와 사천왕상을 비롯해 구름무늬, 팔괘 등이 새겨져 있다. 모두 살아 있는 듯 생생하기도 하고 하나하나 보는 재미가 있다. 종의 가장 아래쪽에는 이 종을 주조하게 된 내력을 새겨놓았다.

조선 시대의 정자, 연광정
이곳에는 또한 국보 문화유물 16호로 지정된 조선 시대 정자인

연광정(練光亭)이 있다. 대동강 기슭 독바위에 세워진 이 정자는 으뜸가는 경치를 안고 있는 누대라고 해서 '제일누대'라고도 불린다.

북한의 관서지방, 즉 평안남북도에는 관서8경이라 불리는 명승지가 있다. 강계의 인풍루(仁風樓), 의주의 통군정(統軍亭), 선천의 동림폭(東林瀑), 안주의 백상루(百祥樓), 평양의 연광정(練光亭), 성천의 강선루(降仙樓), 만포의 세검정(洗劍亭), 영변의 약산동대(藥山東臺)가 그것이다. 그중에서도 연광정을 제일로 친다고 하는데 실제로 보니 정말 어디에서도 볼 수 없는 경치다.

연광정은 고구려 시대인 6세기 중엽에 평양성을 건설하면서 처음 세워졌다가 고려 시대인 1111년에 지금 이 자리에 네모난 정자를 다시 짓고 '산수정'이라고 불렀다. 그러다 조선 시대인 16세기 초에 보수와 재건을 거쳐 '연광정'이라는 이름을 얻게 된다.

▼연광정

한쪽에 긴 현판이 걸려 있어 가보았다. 고려의 시인 김황원이 지은 시가 새겨져 있었다.

'긴 성벽 한쪽 면에는 늠실늠실 강물이요, 큰 들판 동쪽 머리엔 띄엄띄엄 산들일세.'

이곳 풍경을 이보다 더 잘 묘사하는 글이 있을까. 어느 누구라도 이곳에 서면 시 한 수를 읊고 싶어질 것이다. 그만큼 연광정에서 본 풍경은 아름답기 그지없었다.

지는 해를 바라보는 보통문

보통강 기슭에 옛 건축물로 남아 있는 보통문(普通門)은 대동문과 같이 고구려 시대에 지어진 평양성의 서문으로, 1473년에 재건한 후 지금까지 보존하고 있다. 임진왜란 때 왜적이 불을 질러 위험에 처했었지만 평양 시민들이 목숨을 던져 지켰다고 한다. 불길 속에서도 불사조마냥 살아남았다고 해서 신물(神物)이라고도 했다.

보통문은 동북지방으로 이어지는 중요한 관문이었다. 사신 행렬도 이곳을 통해 드나들었다. 또 이 일대의 경치가 상당히 좋아서 사람들은 보통문을 지나 보통광나루에 모여들었다 나루터에서 바라보는 경치가 아주 좋다고 해서 평양8경의 하나라고도 했다.

보통문은 대동문과 마찬가지로 잘 다듬은 화강석으로 축대를 쌓고 가운데 홍예문을 냈다. 축대 위는 누각식 목조 건축물로 이루어져 있다. 대동문과 같이 정면 3칸, 측면 3칸으로 되어 있고 가운데 있는 4개의 기둥이 2층까지 쭉 올라가 누각을 받치고 있다. 그 주위

▲ 보통문

로 바깥 기둥 12개가 서 있다. 대동문과 보통문은 모두 모루단청으로 되어 있는데 보통문은 대동문보다 이른 시기인 고려 시대의 단청무늬를 그대로 보존하고 있다.

보통문은 다른 말로 우양관(又陽關)이라고도 한다. '또 우'와 '볕 양' 자를 써서, 태양이 다시 떠오르는 것을 보는 문이라는 뜻이다. 보통문에 와서 지는 해를 바라보면 마치 동쪽에서 뜨는 해를 바라보는 것 같다고 해서 그런 이름이 붙었다. 하루가 저무는 것을 보며 뜨는 해를 느낄 수 있다니, 평양 시민들은 이곳에 올라 희망을 발견하는지도 모르겠다. 끝은 또 다른 시작임을 수세기를 버텨온 강과 문이 우리에게 말해준다.

평양의 일상적인 풍경들

평양 거리가 서울과 다른 건 전차가 다닌다는 것이다. 하지만 평양 사람들이 많이 이용하는 교통수단은 버스와 지하철이다. 지하철과 버스 요금은 북한 돈으로 5원. 우리는 지하철을 타보기로 했다.

평양에서는 지하철을 '지하철도'라고 부른다. 지하철은 카드로도 이용하지만 대부분은 학교나 직장에서 주는 탑승권을 사용한다고 한다. 평양 지하철은 서울보다 1년 앞선 1973년에 개통했다. 지하 100미터 넘게 내려가는데 위급 시 대피용으로도 쓸 수 있도록 건설됐다고 한다. 모두 2개 노선에 17개 역사가 운영되고 있다. 오전 6시부터 오후 9시 반까지 정상 운영을 한다.

평양 인구는 2016년을 기준으로 약 300만 명으로 알려져 있다. 손철호 부흥역장에 따르면 평양 지하철은 평일에는 30만~40만 명

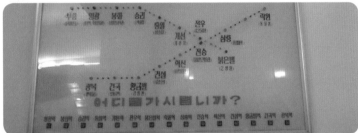

▲ '지하철도'라 불리는 평양의 지하철역 모습

▲ 지하철에서 휴대전화나 태블릿 PC를 보는 시민들

이 타고, 명절이나 일요일에는 70만 명 정도 이용한다고 한다. 휴일에는 평양 시민 4명 중 1명이 지하철을 이용한다는 뜻이 된다. 출퇴근시간에는 평양 지하철도 서울처럼 가득 찬다. 그래서 5분인 운행 간격이 3분으로 조정된다고 한다.

지하철 풍경은 서울과 비슷하다. 개찰구 앞을 오가는 사람들과 완장을 찬 안내원이 보인다. 에스컬레이터를 타고 내려가니 지하철 노선도가 있다. '종합안내판'이라고 쓰인 노선도에서 가고자 하는 역을 누르자 경로를 따라 노선에 불이 들어온다.

지하철 안의 풍경 역시 우리와 다르지 않다. 태블릿PC나 휴대전화를 들여다보는 것까지. 서울의 지하철에서 흔히 볼 수 있는 모습이라 오히려 신기했다. 물론 비치된 신문을 읽는 사람들도 있다. 또 '전쟁로병자리'라고 쓰인 좌석이 있는데 우리로 치면 노약자석이라고 할 수 있다.

　지하철에서 평양의 일상을 잠깐이나마 볼 수 있었다. 다들 어디로 가는 것일까? 일을 마치고 집으로 돌아가는 사람이 많을 시간이다. 평범한 평양의 가정이 궁금했다. 공간은 그곳에 사는 사람에 대해 많은 것을 말해준다. 평양 시민들은 어떤 집에서 무엇을 해 먹으며 어떤 일상을 보낼까?

평양 가정의 명절 밥상

　평양의 가정집을 방문하고 싶다고 요청하자 한 가족을 섭외해 주었다. 평양 시내의 아파트에 살고 있는 가족이었다. 아파트는 30~40평쯤 되어 보였고 엘리베이터도 있었다.

　우리가 찾은 집은 부부와 딸 둘이 있는 집이었다. 문 앞에서 부

▼ 반갑게 맞이해주는 평양의 한 가정

인이 "먼 나라에서 오셨어요. 방문해주셔서 고맙습니다"라고 말하며 우릴 맞았다. 조부모님도 계셨다. 원래 같이 살진 않지만 오늘은 '먼 나라에서 오신다고 해서' 방문했다고 한다.

가족들이 어떤 일을 하는지가 궁금했다. 아버지는 대학 교원이고 어머니는 고급중학교 교원이라고 한다. 첫째 딸도 고급중학교의 수학교원이고 둘째 딸은 야간대학의 교원이다. 네 식구가 모두 교직에 있는 교육자 집안인 것이다.

우리가 방문했을 때가 마침 추석을 앞두고 있어 추석 음식을 준비하는 것을 볼 수 있었다. 추석에는 성묘를 갔다 집에 와서 식구들끼리 음식을 차려 먹는다고 한다. 부엌에서는 노치를 만들고 있었다. 노치는 남한에서는 노티라고 부르는 음식으로, 기장이나 찹쌀을 엿기름에 삭혀서 지져 먹는 떡이다. 노치는 평안도 지방의 향토

▼ 추석을 맞이한 평양 가정집의 요리

음식인데 이 가정에서는 자주
해 먹는다고 한다.

▲ 평안도의 향토 음식인 노치

식탁에 앉자 부인이 우리에
게 술을 따라줬다. 가시오가피
술이라고 한다. 노치에 관해서
는 함께 온 김영일 연구사에게
더 자세한 설명을 들을 수 있었
다. 옛날에는 사탕수수가 없었
기 때문에 엿이나 노치를 가을에 만들어서 창고에 넣어놓고 겨우
내 꺼내 먹었다고 한다. 노치와 쌀가루에 찹쌀이나 수수, 기장 등을
섞어서 엿기름에 삭혀 당화시킨다. 그다음에 지져서 사탕가루를 뿌
려 먹는다. 지졌지만 떡이고, 떡이지만 당과다.

어느새 식탁에 음식이 가득 차려졌다. 추석에 먹는 것을 차렸다
고 한다. 명태찜과 설기가 눈에 띄었다. 명태찜은 명태를 쪄서 양념
과 고명을 올렸고 설기에는 큼직한 콩들이 박혀 있다. 송편도 빠질
수 없다. 그런데 엄밀히 말하면 송편이 아니라 계피떡을 속성으로
만들었다고 한다. 쌀가루를 익반죽해서 그 안에 팥 따위의 소를 넣
고 푹 찐다. 그다음에 참기름에 지져서 쫄깃쫄깃하게 먹는다.

주로 질문을 하는 것은 우리 제작진이었지만 이 가족 역시 서울
에서는 추석을 어떻게 쇠는지 궁금해했다. 우리는 서로가 궁금했고
비슷한 점을 발견하면 반가웠다. 얘기를 나누다 보니 먼 나라에서
오셨다는 인사말이 무색할 만큼 우리는 여전히 닮아 있었다. 우리

▲ 평양의 길거리를 오가는 사람들

는 즐겁게 음식과 술을 함께 나눴다.

가족과 인사를 하고 다시 거리로 나왔다. 거리를 오가는 사람들
이 조금 더 친숙하게 느껴졌다. 다들 가는 곳은 다를지라도 사는 모
습은 크게 다르지 않을 것이다. 하루 일을 마치고 가족과 둘러앉아
음식을 나눠 먹는 일상이 이곳에서도 흐르고 있었다.

◆ 평화의 시대를 바래며 ◆

제작진이 만난 남한의 요리사들에게 평화의 시대가 오면 무엇을 하고 싶은지 들어봤다. 남과 북은 음식을 통해 어떻게 교류하고 무엇을 나눌 수 있을까?

한복려 궁정음식연구원장: 서로의 장점을 나누면 좋겠어요

남북의 사이가 좋아진다면 당연히 음식 교류도 하겠죠. 그런데 북쪽 사람들이 남쪽의 달라진 맛을 쉽게 받아들일 수 있을까 하는 생각이 들어요. 우리도 북쪽 음식에 친근감을 가졌으면 해요. 또 옛날에 먹었듯 담백한 음식을 많이 먹었으면 좋겠다는 생각도 듭니다. 남북이 음식 교류를 하면 우리가 북쪽 음식에서 오히려 더 많은 영향을 받지 않을까 싶은데, 그렇게 되면 좋지 않을까요? 너무 과도한 재료와 강한 양념보다 북쪽 음식의 순수함을 좀 받아들여도 좋을 것 같아요.

또 북쪽 음식을 눈여겨보면 옛날 음식법을 비교해볼 수 있지 않을까 싶습니다. 북한 사람들이 서울에 온다면 궁중 요리를 선보이고 싶어요. 제주도나 전주 같은 다양한 지역의 음식도 보여주고 싶습니다.

윤숙자 요리연구가: 평양 음식, 서울 음식을 같이 만들겠어요

저는 어머니가 해주시는 개성 음식을 먹고 자라서 제 DNA에 개성 음식이 박힌 듯해요. 그래서 어머니, 아버지는 돌아가셨지만 개성에서 피란 오신 할머니, 할아버지들이 마치 저희 부모님 같아요. 2000년부터 개성 음식을 연구해왔고 2017년에는 개성의 복중(伏中) 음식을 전시도 했어요. 1년에 한 번씩은 개성 실향민들께 대접도 해요. 앞으로 어르신들이 고향도 방문하고 음식도 나눌 수 있었으면 합니다.

그리고 혹시 평양 분들이 서울에 오신다면 저는 평양 음식 반, 서울 음식 반을 해 내겠어요. 평양 음식은 제가 연구도 하고 많이 해왔으니까 청류관, 옥류관, 고려호텔에서 먹어본 음식들을 해서 내놓고 싶어요. 또 제가 시어머니, 시할머니께 배운 서울 음식도 함께 내놓는 거죠.

유현수 셰프: 북한의 식재료를 공부하고 싶어요

저는 이전부터 북한 요리에 대해 계속 관심을 갖고 있었습니다. 북한 음식도 한국 음식의 한 범주라고 생각해요. 만약 사람들이 자유롭게 왕래할 수 있다면, 저는 요리하는 사람이라서 가장 관심 있는 건 식재료예요. 제가 산천을 다 다니면서 식재료 공부를 많이 했는데 북에 있는 식재료는 많이 알려지지 않아서 궁금해요. 해산물부터 들이나 산에서 나는 식재료가 다양하게 있을 것 같고 좋은 식재료도 많은 것 같거든요.

박찬일 셰프: 대동강맥주를 마시고 싶어요

항상 느끼는 건 사람 사는 데는 다 똑같다는 거죠. 이런 걸 음식 문화에서 극명하게 느낍니다. 음식에는 맛과 영양 그리고 그것을 먹는 사람들의 여가 문화까지 들어가 있습니다. 그런 면에서 우리가 그리 다르지 않다는 것을 느낍니다. 흔히 보던 옥류관이 아니라 맥줏집이나 일반 사람들이 가는 식당을 찍은 영상을 보니 감개무량합니다. 아주 자유롭게 취재하신 것 같습니다. 그동안 책이나 매체를 통해 봤던 것을 영상을 통해 확인할 수 있었습니다. 저도 가보고 싶고 특히 평양 시민들이 먹는 맥주를 한잔 마셔보고 싶어요.

【 2부 】

속초

속초 앞바다에서 해가 뜨면 원산 앞바다에서도 해가 뜬다.

다른 듯 같고, 같은 듯 다른 두 도시의 풍경을 만나러 간다.

1장

동해의 선물

평양에서 동쪽으로 200킬로미터쯤 떨어진 곳에
동해안의 아름다운 도시, 원산이 있다.
그리고 그 아래로 동해바다를 통해 이어진
가깝고도 먼 도시, 속초가 있다.
남북이 갈라지기 전, 원산과 속초는 철도와 도로로 이어져 있었다.
이제 서로에게 가는 길은 끊겼지만,
지금도 원산과 속초는 동해의 해가 함께 돋고 있다.
우리는 바다와 산으로 이어져 있는 속초와 원산에서 동해가 주는 선물,
그 바다의 맛과 멋을 보았다.

평양에서
원산으로

　철조망 너머로 흐르는 동해. 육지의 길은 막혔지만 바다의 물은 흐른다. 같은 바다를 바라보는 두 도시가 있다. 강원도의 두 도시, 속초와 원산은 동해로 이어져 있다. 속초 앞바다에서 해가 뜨면 원산 앞바다에서도 해가 뜬다.

　동해를 따라 금방이라도 닿을 것 같은 두 도시. 하지만 이제 원산과 속초는 가깝고도 먼 도시가 되어버렸다. 그 옛날 공유했던 문화와 풍경은 얼마나 남아 있을까? 그리고 두 도시는 단절된 세월 동안 어떻게 변해왔을까? 다른 듯 같고, 같은 듯 다른 두 도시의 풍경과 식문화를 담아보기로 했다.

　원산에 가려면 먼저 평양으로 가야 한다. 우리 제작팀은 2018년 10월 평양에 도착했다. 뜨거웠던 여름이 물러가고 선선한 바람이

동해로 이어진
속초와 원산 앞바다의 일출이 장엄하다.

불어오는 가을이 한창이었다. 거리에는 노랗게 물든 은행나무가 늘어서 있었다. 은행나무 가로수 사이를 평양 시민들이 자전거를 타고 오가는 모습은 고풍스럽기도 하고 정감 있기도 했다. 해가 지면 개선문에 있는 분수가 빛을 내며 낙엽을 비추면서 아름다운 조화를 이뤘다.

진천규 통일 TV 대표와 함께 북한에 도착한 우리 제작팀은 김영일 조선요리협회 연구사, 오은정 문화해설사를 비롯한 북한 제작진을 다시 만났다. 다시 하나의 팀이 된 남한과 북한의 제작팀이 평양에서 출발해 함께 원산 여행을 떠났다. 우리가 갈 곳은 평양에서 동쪽으로 200킬로미터쯤 떨어진 동해안의 도시 원산이다. 원산은 어떤 도시일지 기대와 설렘으로 차 안에서는 이야기가 끊이지 않았다. 평양에 사는 북한 제작팀도 원산 여행에 들뜬 듯했다.

▼ 평양에서 원산 가는 길

오은정 문화해설사와 김영일 연구사는 원산의 유명한 송도원 해수욕장과 동해의 특산품인 명태, 가자미 등으로 만든 유명한 음식이 많다는 이야기를 하며 경치도 아름답고 음식도 다양한 원산에 대한 기대감과 설렘을 드러냈다.

원산으로 가려면 백두대간을 통과해야 한다. 백두대간은 한반도의 척추와 같은 산맥이다. 백두산에서 시작해 동쪽 해안선을 끼고 남쪽으로 뻗은 백두대간은 태백산을 거쳐 남서쪽의 지리산에 이른다. 그렇게 높고 긴 백두대간을 통과해야 하기 때문에 지나야 할 터널이 참 많다. 어두운 터널을 통과하면 이내 탁 트인 푸른 하늘과 웅장한 산세가 눈앞에 펼쳐진다. 꿈과 현실을 넘나들 듯 암전과 풍경이 반복되었다.

'강원도 법동군/황해북도 신평군'이라고 쓰인 표지판이 보였다.

▼ 북한의 강원도에 들어왔음을 알리는 표지판

'강원도'라는 글씨에 눈을 씻었다. 여기가 북한인지 남한인지 잠시 혼란스러웠다. 그런데 놀랍게도 북한에도 강원도가 있었다. 그렇다. 원산은 북한 강원도의 행정중심지다.

강원도는 거친 산세만큼 힘든 역사를 가지고 있다. 1395년 강릉과 원주의 첫 글자를 따서 '강원도'라는 이름이 붙었다. 80퍼센트가 산으로 되어 있는 험준한 땅, 강원도에서 사람들은 화전 농사를 지으며 힘겹게 살았다. 일제 식민지 시기에는 더욱 심했다. 일제는 많은 자원을 수탈해 갔다. 문평 제련소에서 아연을 비롯해 수많은 지하자원을 약탈했다. 울창했던 소나무림은 목재로 잘라 갔고 자르지 않은 소나무마저 송진을 채취하기 위해 껍질을 벗겨서 말려 죽였다. 원산항을 통해 소 170만 마리도 약탈해 갔다고 한다.

휴게소에서 맛본 쏘가리탕

원산으로 가는 길에는 신평휴게소가 있어 쉬어 가기로 했다. 행정구역상으로 신평휴게소는 황해북도 신평군에 위치해 있다. 이곳의 지배인 김경인 씨가 말하길, 1년에 외국 손님이 1만 3000명 이곳에 오고 북한 손님은 2만 5000명이 찾아왔다고 한다.

우리나라의 고속도로 휴게소와 마찬가지로 신평휴게소에서도 지역의 특산음식을 맛볼 수 있다. 이곳에서는 특히 쏘가리탕, 쏘가리회 등 쏘가리 요리가 유명하다고 한다. 이 지역의 쏘가리가 맛있다고 하니, 쏘가리탕을 먹어보기로 했다. 쏘가리탕을 시키자 두릅김치, 더덕구이 등이 기본 상차림으로 나왔다. 남한에서는 쏘가리

▲ 신평휴게소의 모습

탕을 끓일 때 칼칼한 맛을 살리고 다진 마늘을 넣어 쏘가리의 흙내를 없앤다. 그런데 이곳에서 맛본 쏘가리탕은 된장을 넣어 구수하게 끓인 것이 우리와 좀 달랐다. 후추를 많이 넣어 쏘가리의 흙내를 잡은 듯했고 채소보다 쏘가리를 듬뿍 넣어 끓였다.

신평휴게소에 있는 상점에서 판매하는 이 지역 특산식품인 산나물, 그중에서도 참버섯, 도라지 같은 것을 많이 사 간다고 한다. 그 옆에는 황구렁이 술이 있었는데 이 뱀술 역시 사람들이 많이 사 간다고 한다. 식사를 하면서 북한 제작진은 황구렁이 술을 한 잔씩 했다. 알코올 농도가 55퍼센트나 되는 독한 술이다.

다시 길을 떠났다. 또다시 터널이 나타났다. 터널에는 '무지개 동굴'이라고 쓰여 있는데 북한에서는 터널이 아니라 '동굴'이라는 용어를 사용하는 모양이다. 터널 입구에는 '굴 길이 4135m'라

▲ 쏘가리탕에 황구렁이 술을 곁들여 식사하는 모습

는 표지판도 서 있다. 아득한 길이다. 무지개 동굴은 길이가 4킬로미터, 즉 10리이기 때문에 '십리굴'이라고도 불리며 북한에서 가장 긴 터널로 손꼽힌다. 무지개 동굴을 통과하니 비로소 원산이 6킬로미터 남았다는 표지판이 보인다. 목적지가 멀지 않았다.

원산의 첫인상

해안도로를 타고 진입해야 원산에 들어갈 수 있다. 어느덧 오른쪽에 장대한 바다가 펼쳐졌다. 탁 트인 바다, 이것이 우리가 본 원산의 첫인상이었다. 해안도로를 따라 소나무가 줄지어 서 있고 그 앞에는 고운 백사장이 깔려 있다. 잔잔한 파도가 하얀 물거품을 일으키며 넘실거렸다. 저 멀리 보이는 산 능선과 단정한 수평선이 한 폭의 수묵화 같다. 차 안에서는 '와!' 하는 함성과 웃음소리가 퍼졌

▲ 원산 가는 길에 만난 동해바다

다. 북한 제작진도 우리도 바다를 처음 본 듯 반가운 빛이 역력했다. 백문이 불여일견이라더니 눈까지 시원해지는 동해바다가 나타났다. 남쪽에서 보던 동해바다의 모습 그대로다.

차로 2시간 넘게 달려 드디어 원산시에 도착했다. 국내 방송에서는 처음으로 원산 시내 모습을 밀착 촬영할 수 있었다. 도시에 들어서니 깔끔하게 정리되었다는 느낌이 가장 먼저 들었다. 도로는 일직선으로 시원시원하게 뻗어 있고 막 지은 것같이 정갈한 건물들이 빼곡했다. 다양함 속에 생동하는 활력이 서울이나 속초의 특징이라면 평양이나 원산은 도시 전체가 계획적이고 잘 관리되고 있다는 느낌을 준다.

원산의 중심지 해안광장과 원산백화점도 보였다. 해안광장은 북한에서 흔히 볼 수 있는 광장의 형태를 갖추고 있다. 광장 앞쪽으로

▲ 잘 정돈되어 있는 원산의 시내 모습

가면 바다를 볼 수 있어서 시민들이 모이고 해수욕을 즐기기 좋은 위치라는 생각이 들었다. 원산백화점은 우리나라 소도시에서 볼 수 있는 오래된 백화점과 같은 모습이었다. 백화점 안에는 다양한 물건이 진열되어 있었는데 수입제품은 없고 대부분 북한에서 자체적으로 생산한 물품들이었다.

현재 원산은 남북 간 동해선 철도 협력, 금강산과 설악산을 잇는 국제관광 자유지대 등 평화의 중심지로 떠오르고 있다.

북한은 금강산, 마식령 스키장 같은 관광자원과 천혜의 자연항을 가지고 원산항, 갈마국

▼ 원산 중심지에 위치한 해안광장

제공항 등을 중심으로 대규모 관광개발사업을 진행하고 있다. 북한 강원도의 대도시 원산에서 우리는 또 무엇을 만나게 될까. 설렘을 품은 원산 여행이 시작된다.

마늘을
닮은 도시, 원산

예전의 원산은 어떤 모습이었을까? 박창룡 원산시 안내원은 원산에 대한 재미있는 이야기를 들려줬다.

"원래 원산이라는 건 옛날에 한자로 '멀 원'에 '산 산'자를 써서 원산(遠山)이라 했습니다. 그런데 한 200여 년 전에 어느 왕이 원산 앞바다를 쭉 유람을 하다가 여기 이 지명 이름에 '멀 원'이 들어가는 건 맞지 않고, 내가 보니 저 앞에 있는 삼봉산을 축으로 해서 마치 마늘 대가리처럼 생겼다. 그러니 '으뜸 원'자를 쓰는 것이 좋겠다 이렇게 얘기를 했더랍니다. 그때부터 원산의 이름을 '으뜸 원'자를 써서 원산(元山)이라고 부릅니다."

박창룡 안내원의 설명에 따르면 원래 원산은 '어을매'라는 순우리말 이름을 가진 조그만 어촌이었다고 한다. 옛날 봉건 행정 구역

▲ 마늘 대가리를 닮은 원산

은 군, 부, 면의 순서대로 규모가 컸는데 원산은 당시 덕원부라는 곳에 속한 시골 어촌이었다. 길도 제대로 없어 사람들이 바윗돌 사이를 뛰며 다니던 작은 어촌 원산이 개발되면서 발전하기 시작한 것이 겨우 100년 남짓이다.

조선 시대에만 해도 원산은 함경도에 속하는 작은 어촌이었다. 바다에서 물고기를 잡아 그걸 팔아서 생계를 유지했다. 그러다 1876년 강화도조약으로 부산, 인천과 함께 원산항이 강제 개항을 하게 된다. 원산이 개항되면서 한적했던 마을에 변화가 찾아왔다. 외국 상인들이 들어와 점포를 지으면서 외국 상가 지대가 생겼다. 뒤이어 1880년대 중반에는 러시아 상선, 후반에는 일본 상선이 원산을 경유하는 정기 항로를 개설했다. 그전에는 원산에서 서울까지 주로 육로를 이용해 상품을 운송하던 한국인들도 항로가 생긴 뒤로는 바닷길을 이용해 부산까지 왕래하는 일이 잦아졌다. 이때부터 원산은 본격적인 상업도시로 성장하게 된다. 외지에서 국제무역 경험을 가진 사람들이 대거 원산으로 이주했고 20세기 초에 들어서는 국내 유수의 무역항이 되어 국제도시의 면모를 갖추게 된다.

1929년 만해 한용운은 《명사십리(明沙十里)》라는 기행수필을 썼는데 그 책에는 원산 바닷가에 외국인 별장이 20여 채 줄지어 서 있다는 기록이 나온다. 그만큼 일제강점기에 한반도에서 관광도시라는 이름을 붙일 수 있는 거의 유일한 도시가 바로 원산이었다. 그러나 개항은 원산을 근대 도시로 변화시켰지만 일제의 수탈이라는 비극을 겪게 했다. 그래서인지 원산은 일제에 대한 저항의식이 컸다. 일제강점기 최대 규모의 총파업도 원산에서 일어났다. 원산 총파업이라 일컫는 이 노동운동은 일본인 감독이 조선인 노동자를 폭행한 것에서 시작되어 4개월간 이어졌다. 비록 성공하지는 못했지만 노동자들의 의식을 크게 각성시키는 계기가 되었다.

1946년 원산은 함경도에서 강원도로 행정구역이 바뀌었다. 그리고 원산항은 북한의 중심 항으로 발전하게 되었다. 일제강점기에 동북아시아의 대표적 휴양지였던 원산은 이제 세계적인 관광휴양지를 표방하며 북한 경제개발의 1번지로 급부상하고 있다.

원산에는 큰 공장들도 있는데 대표적인 공장은 갈마식료공장과 송도원종합식료공장이다. 갈마식료공장은 물고기를 전문적으로 가공하는 공장이다. 원산 앞바다에서 잡은 물고기가 갈마식료공장에 들어가서 냉동제품과 갖가지 통조림, 젓갈류로 가공되어 나온

▲ 갈마식료공장의 내부 모습

다. 또 송도원종합식료공장은 당과류, 빵류 등을 생산한다.

원산 앞바다에서 지는 해

본격적인 여행에 앞서 우리가 묵을 동명여관에 갔다. 동명여관은
바다 근처, 원산 중심부에 위치한 유서 깊은 여관이다. 이름은 여관
이지만 우리나라로 치면 3성급 호텔과 비슷한 수준이다. 외관이나
실내는 오래된 느낌이 있었지만 여느 북한 건물처럼 오래된 건물
임에도 불구하고 실내외를 잘 관리해놓았다는 것을 알 수 있었다.
객실은 1등실부터 4등실까지 있는데 우리에게 2등실이나 3등실을
추천했다. 오은정 문화해설사와 김영일 연구사는 바다가 잘 보이는
2등실을 달라고 요청했다. 총 8층까지 있는 호텔에서 7층에 위치한
방으로 들어갔다. 커튼을 걷으니 아름다운 동해의 풍경이 눈앞에

▲ 원산 앞바다의 방파제

시원하게 펼쳐졌다. 방파제가 길게 이어지고 방파제 너머로 섬 하나가 보인다.

그 섬은 바로 장덕섬이다. 장덕섬은 원래 육지에서 떨어진 외진 섬이었다. 그래서 원산으로 오려면 배를 타거나 돌을 듬성듬성 놓아서 건너왔다. 1955년에 다리를 놓아서 주말이면 원산 주민들이 장덕섬 유원지에서 한때를 즐기게 되었다. 장덕섬 등대 너머로 뜨는 일출이 장관이라고 한다.

장덕섬 다리에도, 원산항에도 한가로이 낚싯대를 드리운 강태공이 참 많다. 대체 무슨 고기를 낚는지 궁금해 직접 물어보니 '쇠고도리'라는 물고기를 낚고 있다고 한다. 쇠고도리는 구워 먹으면 맛있는 생선이다. 고등어 새끼와 비슷하게 생겼다. 예로부터 원산항은 어획량이 많기로 유명한 곳이었다. 동해안을 끼고 있어 대하, 명

▲ 원산항에서 낚시하는 사람들

태, 가자미 등 해산물이 풍부한데, 특히 명태의 원산지로 불리며 명태 공장에서 진공 건조한 명태, 명란젓 등이 특산품으로 유명하다. 거기에다 원산은 아름다운 산과 바다를 갖추고 있다. 송도원 유원지를 비롯해 송도원해수욕장, 명사십리해수욕장, 송도원 솔밭 같은 아름다운 명승지가 많다.

아름다운 경치와 맛있는 음식이 있으니 사람들이 모여드는 것이 당연하다. 그래서 원산은 북한 사람들도 자주 찾는 여행지다. 북한 사람들은 원산 외에도 개성, 사리원, 함흥 등지로 여행을 많이 간다고 한다. 유네스코 역사유적지구로 지정된 개성이나 금강산은 우리에게도 익숙한 관광지다. 사리원은 평양과 개성을 잇는 교통의 요충지이면서 사리원 불고기로도 유명하다. 함흥은 우리에게 함흥냉면의 도시로 알려져 있는데 가릿국밥이라는 지역 특산 음식도 있

▲ 원산 앞바다에서 본 장덕섬 등대 너머의 일출

다고 한다.

　다른 도시도 언젠가 취재할 날을 기대하며 배를 타고 원산 앞바다로 나가봤다. 남과 북의 제작진이 원산 촬영을 위해 방송 최초로 원산 앞바다에 배를 띄웠다. 어느새 원산항은 노을에 잠기고 동해엔 어둠이 내려앉았다. 동해에서 바라본 원산항은 불빛만이 남아 밤을 밝히고 있었다.

파도 소리와 함께 바라본
원산의 흐릿한 야경이
동해의 밤바다를 비춘다.

역사학자 전우용 박사에게 원산이라는 도시에 대해 물었다. 국가의 운명과 함께해온 원산의 역사와 관광도시로서의 위상에 대해 알아보자.

원산이 큰 도시로 거듭나게 된 계기는 무엇인가요?

조선 시대만 해도 대개 중국이나 일본과 연결되는 도시가 발달을 했는데 원산은 그런 길목은 아니어서 동해안에서 어업을 주된 기반으로 살던 작은 어촌이었죠. 그러다 18세기 말부터 명태가 많이 잡히면서 명태 집산지가 되었어요. 명태를 말린 걸 북어라고 하잖아요. 그게 서울 사람들한테 식품으로 제공되었는데 서울 사람들이 북쪽에서 온다고 해서 북어라고 불렀죠. 서울에서 북어가 인기를 끌면서 원산과 서울 간의 왕래도 빈번해졌어요.

그러나 원산이 본격적으로 도시로 성장하게 된 계기는 역시 개항이었습니다. 1876년에 조선과 일본 사이에 조일수호통상조약이 체결되면서 부산을 1차로 개항하고 추가로 원산과 인천을 개항했어요. 1883년에 원산이 개항되면서 큰 변화가 시작되죠. 외국 상인들이 들어와 점포를 지으면서 외국 상가 지대가 들어서고 러시아 상

선과 일본 상선이 원산을 경유하는 정기 항로가 개설됐어요. 항로
가 개설되니까 한국인들 역시 바닷길을 이용해 부산까지 왕래할
수도 있었죠. 20세기 초에 들어서는 원산이 무역항으로 성장했고
국제도시의 면모를 띠게 되었습니다.

원산이 옛날부터 관광도시였나요?

1910년대부터 일본인이나 유럽인들이 다른 나라로 관광하는 일
이 생겼어요. 원산은 바다가 좋고 해수욕장이 유명했죠. 게다가 금
강산 관광이 유명한데 원산은 금강산과 가까우니까 일제강점기에
도 원산은 대표적인 관광도시였습니다. 일제강점기에 한반도에서
관광도시라는 이름을 붙일 수 있는 도시는 원산이 거의 유일할 거
라고 봅니다. 국내에서도 1914년에 경원선과 호남선이 완공되고 교
통편이 원활해지면서 서울에서 원산으로 관광을 가는 일이 흔했죠.

원산 총파업은 어떻게 일어난 거죠?

초기 노동운동 과정에서 가장 선도적인 역할을 한 사람들이 부
두 노동자인데 우리나라에서도 부두 노동자들 사이에서 파업이 가
장 먼저 일어납니다. 원산은 두 번째 개항장이었기 때문에 1880년
대부터 부두 노동자 조직이 발달해 있었고 그것이 사회주의 사상
과 결합하면서 노동운동을 촉발하는 계기가 되었죠. 또 1929년에
세계 대공황이 일어나면서 임금이 폭락하고 일자리가 줄어드는 등
의 문제가 발생하면서 원산의 부두 노동자들도 임금이 깎이고 대

량 해고의 위기에 내몰렸어요. 그래서 일제강점기 최대 규모의 총 파업이 일어납니다. 몇 달에 걸쳐 수천 명이 참가한 파업이었고 서울을 비롯한 각지에서 원산 노동자 지원운동까지 벌이면서 단순한 파업을 넘어 조선 대 일본의 대립이 되었습니다. 독립운동의 일환으로 확대된 거죠. 그래서 원산 총파업은 한국 노동운동사에서 빼놓을 수 없는 주요 사건입니다.

원산에 공업도 발달했었나요?

공업이 발달한 지역은 아니었어요. 처음에는 어업, 관광, 상업 같은 분야가 발달했고요. 파업도 기업 단위라기보다 부두 노동자 조직에서 시작했으니까요. 그런데 1930년대에 들어와서 상황이 좀 변해요. 이때부터 한 10년간 함경도 연안으로 정어리 떼가 몰려왔는데 정어리를 잡아서 먹는 게 아니라 기름을 짜서 정어리기름을 생산하는 업체가 함경도 일대에 무수히 생겨납니다. 원산은 항만이 발달해 있으니 정어리기름의 집결지가 되었죠. 정어리기름으로 글리세린을 만들었고, 그게 다이너마이트나 폭탄의 원료가 됐고 연료로도 많이 쓰였어요. 그와 관련된 업체들이 많이 들어섰고요. 당시만 해도 원산은 함경남도의 중심 항구였으니 원산 일대에 큰 변화가 몰려왔죠. 이에 따라 1930년대 들어 공장 노동자가 늘어납니다.

원산 폭격은 어떻게 이루어진 건가요?

북한의 생산시설이나 산업시설들이 주로 함경도 일대에 많이 있었어요. 상당수가 일제강점기에 만들어놓은 것이죠. 해방 후에 북한은 사회주의 체제이다 보니 그런 시설들이 국영이 되었어요. 이런 군수공장들은 내부적으로 원료와 생산의 완결성을 갖고 있었고, 그래서 6·25 전쟁 전에 무기 제조 시설 같은 걸 복구할 수가 있었습니다.

원산은 러시아 블라디보스토크와 직결되는 항구였기 때문에 미군이 러시아의 지원 가능성을 막기 위해 항만 시설을 파괴한 것으로 보입니다. 군수물자의 이동을 막는 것이 전쟁에서는 굉장히 중요하니까요. 그런 차원에서 원산은 함경도의 중요한 항구였고, 여길 통해서 군수물자가 이동할 수 있기 때문에 폭격했던 것으로 보입니다.

평화의 시대가 온다면 동해안에 어떤 기대를 해볼 수 있을까요?

금강산 관광이 재개되어 원산 관광까지 이어지면 좋겠네요. 금강산과 설악산, 원산, 속초가 사실 차로 가면 얼마 안 걸리잖아요. 동해안 관동8경이 이어지는 도로는 관광지로서 참 좋습니다. 서울에서 동해안으로 가는 KTX도 개통이 되었으니 동해안의 철도망만 잘 연결되면 원산에서 속초로 이어지는 길 자체가 관동8경을 넘어서 관광 거점을 여럿 가진 명소가 될 가능성은 충분합니다. 게다가 그 중간에는 아주 특별한 관광지가 될 수 있는 비무장지대가 있으니까요. 비무장지대는 자연생태지역이 되어 있으니, 이 일대는 역사와 자연, 휴양을 모두 아우를 수 있는 관광지역이 될 것 같습니다.

소나무 숲과 파도로 이루어진 송도원

원산만에서 바다를 보면 가슴이 뻥 뚫린다. 원산만의 왼쪽에는 호도반도가 있고 오른쪽에는 갈마반도가 쭉 삐져나와 있다. 갈마반도는 원래 섬이었는데 파도가 모래를 자꾸 쌓으면서 육지와 섬이 모래부리로 연결된 반도가 되었다.

두 반도 사이에는 여러 개의 섬이 있다. 그중에서 가장 큰 섬은 여도다. 원산만에서 20킬로미터 정도 떨어져 있는 여도에서 좀 더 안쪽으로 들어오면 신도가 있고 신도보다 작은 웅도가 있다. 웅도에서 서북쪽으로 2킬로미터쯤 가면 작은 섬이라는 뜻의 소도가 네 개 있다. 이 섬들이 마치 원산을 보호하는 것처럼 둘러앉아 있다.

이처럼 호도반도와 갈마반도가 양쪽에서 삐죽 튀어나와 막아주고 여러 섬이 둘러싼 덕분에 원산 앞바다는 기후가 안온하고 파도

▲ 원산만 양쪽의 호도반도와 갈마반도

도 상대적으로 적다. 부채꼴 모양의 긴 해안선이 끝도 없이 이어졌다. 그런데 해변보다 먼저 눈길을 사로잡는 건 바로 울창한 소나무 숲이었다. 이 솔밭의 이름은 '송도원'이다. 원산 주민들은 700년 전부터 바닷바람과 모래의 이동을 막기 위한 방풍림으로 거대한 소나무 숲을 조성했는데 지금은 그 길이가 1.3킬로미터에 이를 정도로 상당이 큰 소나무 군락을 이루고 있다.

이런 소나무 숲은 속초해수욕장을 비롯해 남한 해수욕장 곳곳에서도 찾아볼 수 있다. 우리 민족은 조선 시대 전후로 소나무를 무척 사랑하고 잘 가꾸어왔다. 소나무는 환경에 대한 적응력과 생명력이 강한 나무지만 특히 동해안은 소나무가 잘 자랄 수 있는 자연조건을 갖추고 있어 예전부터 우량한 소나무 목재는 동해안 지역에서 주로 생산됐다.

하늘을 찌를 듯 울창한
소나무 숲이 눈길을 사로잡는다.

다양한 시설을 갖춘 송도원 유원지

송도원 유원지에는 호수 가득한 조각배에 어린 뱃사공들이 삼삼오오 배를 타고 노를 저으며 놀고 있다. 한쪽에서는 경주까지 벌어진다. 여의도 면적의 3분의 2 크기인 송도원 유원지에는 다양한 시설이 있다.

그중에서 원산 동물원부터 가보았다. 평양에는 북한을 대표하는 동물원인 중앙동물원이 있는데 원산 동물원은 그 분원이다. 1962년에 문을 연 이곳은 120여 종 동물 600여 마리를 보유하고 있다. 북한에 서식하는 새를 기본으로 해서 사자, 범, 곰 등의 맹수가 있다. 그 외에도 동물원에 있을 법한 동물은 다 갖추고 있다고 한다. 송도원 유원지 안에 있어서 주변 시설과 조화를 이루고 있으며 체험학습을 온 학생들이 많이 찾는다. 우리가 갔을 때도 어느 학교에

▼아이들이 뱃놀이를 하는 송도원 유원지

서 단체로 관람 온 아이들이 있었다. 서해 백령도의 상징이기도 한 동글동글 귀여운 점박이물범이 묘기를 부리자 아이들이 환호성을 질렀다. 선생님이 아이들을 이끌고 다음 동물을 보러 간다. 시베리아 호랑이라 불리는 조선 범이 있는 곳에 도착했다. 선생님은 호랑이 이마에 '임금 왕(王)' 자가 새겨져 있다고 설명했다. 견학을 온 아이들이 호기심에 가득 차 호랑이를 지켜보았다.

조선 범 옆에는 낯익은 개 한 마리가 있다. 우리나라 천연기념물인 진돗개다. 2000년 남북 정상회담에서 남과 북은 서로의 명견인 진돗개와 풍산개를 선물했다. 북으로 간 진돗개 한 쌍은 많은 후손을 남겼는데 이 진돗개가 바로 그중 한 마리라고 한다. 우무종 국견협회 회장은 2000년도에 기증된 부모 개는 다 죽었을 것이고 우리가 북한에서 본 진돗개는 손녀뻘쯤 될 것이라고 했다.

"한 2년 된 것 같고 암컷으로 보이네요."

긴 꼬리와 황색 털을 자랑하는 이 진돗개에게 북한은 '대한이'라는 이름을 붙여주었다. 관리인에게 진돗개를 키워보니 어떤지 물었다. 그저 책에서만 보던 개를 직접 길러보니 다른 개와 달리 주인을 잘 따른다고 느꼈단다. 또 재롱을 잘 피우고 활달하고 영리하단다. 남쪽에서 온 개라 추위에 약할까 봐 걱정했

▼ 원산동물원의 진돗개, 대한이

지만 다행히 그런 것은 전혀 느끼지 못했다고 한다. 우리가 찾아간 날도 12월의 추운 날씨였는데 대한이는 아주 잘 뛰어놀고 있었다. 북한에서 선물받은 풍산개도 남쪽에서 잘 번식해 자라고 있다고 전했다.

원산 동물원에는 인기견이 또 한 마리 있다. 바로 달마시안이다. 선생님이 아이들에게 달마시안 하면 뭐가 생각나느냐고 물었다.

"백 공일 마리!"

아이들이 입을 모아 외쳤다. 우리에게도 유명한 디즈니 애니메이션 〈101마리의 달마시안 개〉는 북한에서도 인기가 많은 모양이다. 국제소년단야영소 내부에도 월트 디즈니사의 만화 캐릭터가 벽면을 채우고 있었다. 일곱 난쟁이와 백설공주도 있고 신데렐라 그림도 있다.

▼ 국제소년단야영소 내부 모습

북한과 외국인 청소년들을 위한 캠핑시설인 송도원국제소년단 야영소는 1960년 8월, 250명을 수용할 수 있는 규모로 시작해 현재는 1250여 명이 즐길 수 있는 원산 대표 야영소가 되었다. 아이들은 야영생활을 하면서 여러 가지 활동을 한다. 야영장에는 축구, 배구 등을 즐길 수 있는 넓은 운동장과 요리 실습을 할 수 있는 조리시설, 물놀이장, 암벽체험, 보트 타기 등 청소년들이 배우고 즐길 수 있는 각종 여가시설이 마련돼 있었다. 암벽등반을 하는 곳에는 아이들이 선생님의 지도를 받으며 열심히 클라이밍을 하고 있었다.

▼ 국제소년단야영소에서 다양한 활동을 하는 아이들

수영장에는 물놀이를 하는 아이들이 가득했다.

우리는 요리 실습을 하는 곳에서 평양에서 온 북한 학생들을 만날 수 있었다. 한 학생은 "야영소에서 보내는 시간이 빨리 흘러가는 게 아쉽다"고 말하면서 이날 배운 돼지고기볶음을 자랑했다.

전자오락실과 노래방도 있었다. 전자오락실에서 게임을 즐기는 아이들이 보였다. 노래방에서는 하루 일과를 마친 아이들이 노래방 반주에 맞춰 춤을 추고 노래를 불렀다. 부르는 노래는 다르지만 우리 청소년이 노래방을 즐기는 것과 다를 바 없다. 춤추고 노래하기 좋아하는 민족. 흥이 넘치는 건 남과 북이 똑같다. 북한 사람들도 모이면 흔히 노래를 부르고 춤을 추는 흥 많은 모습을 보인다. 제작진이 의도하지 않았는데도 사람 많은 곳에 취재를 가면 언제나 노래 부르는 사람들이 있었다. 가수도 아니고 일반인들인데도 노래 실력이 다들 좋아 보였다.

동해안을 따라 펼쳐진 해수욕장

또한 송도원에는 그 유명한 송도원해수욕장이 있다. '숲과 파도로 가꾸어진 해안 휴양지'라고 불리는 송도원해수욕장은 북한 제1의 피서지로 손꼽힌다. 남한에도 송도해수욕장이라고 불리는 곳이 여러 곳 있다. 포항, 인천의 송도해수욕장, 부산의 송정해수욕장 등 소나무가 많은 해수욕장에는 송도(송정)라는 이름이 붙는데 그 원조가 바로 송도원해수욕장이다. 송도원해수욕장의 역사는 생각보다 참 길다. 1800년대 말부터 해수욕장으로 이용되면서 널리 알려

졌고 1916년 우리나라 최초로 수영강습회가 열린 곳이 바로 송도
원해수욕장이다. 일제강점기에도 아시아 최고의 휴양지로 불릴 만
큼 송도원해수욕장은 유명했다.

해수욕 철은 아니지만 파도 소리가 만드는 리듬을 들으며 바닷가
를 거닐자니 기분이 좋아진다. 오은정 해설사가 흥겨운 노래를 부
르기 시작했다.

"해돋이 장엄하고 물도 맑은 명승이라 볼수록 아름다운 내 나라
동해일세."

남쪽이나 북쪽이나 동해는 역시 해돋이다. 해돋이를 보러, 또 원
산의 자연을 보러 올 관광객들을 위해 앞으로 10만 명 정도 수용할
수 있도록 관광지구를 조성될 계획이라고 한다.

송도원해수욕장과 함께 수심이 얕고 훌륭하다고 알려진 해수욕

▼ 바닷가에서 노래하는 오은정 해설사

장으로 명사십리해수욕장이 있다. 명사십리는 갈마반도 끝에서부터 남쪽으로 끝도 없이 펼쳐지는 백사장이다. '명사'란 아주 희고 밝은 모래가 가득 펼쳐진 모래밭을 말한다. 또 해안을 따라 흰 모래톱이 10리(4킬로미터)나 이어지고 있어 '십리'를 붙여 명사십리라고 한다. 푸른 바다와 하얀 백사장, 그리고 해안을 따라 펼쳐지는 해당화 군락이 절경을 이룬다. 해당화가 피는 시기인 5월이 되면 해변을 따라 퍼지는 해당화 향기가 이루 형용할 수 없을 정도로 황홀하다고 한다. 붉게 핀 명사십리의 해당화는 조선 시대 작자 미상의 〈권주가(勸酒歌)〉에도 나오니 그 역사가 오래된 듯하다.

'명사십리 해당화야 / 꽃진다고 설워마라 / 명년삼월 봄이 오면 / 너는 다시 피려니와 / 가련하다 우리 인생.'

우리가 갔을 때는 해당화는 이미 져 있었지만 내년 봄이 되면 우리는 다시 오지 못할지라도 해당화는 어김없이 다시 피어날 것이다.

◆ 윤동주, 원산을 시로 쓰다 ◆

　　한국인이 가장 사랑하는 시인 중 한 명인 윤동주는 일제강점기를 짧게 살다간 젊은 시인이다. 만주 북간도의 명동촌에서 태어난 그는 가족이 용정으로 이사하자 용정에 있는 은진중학교에 입학했다. 그러다 1935년에 평양의 숭실중학교로 전학을 갔는데, 신사참배 문제로 학교가 문을 닫게 되었다. 결국 윤동주는 다시 용정에 있는 광명학원의 중학부로 편입해 졸업했다.

▲ 시인 윤동주

　　용정 광명학원 중학부에 다니던 21세의 윤동주는 1937년 9월에 수학여행으로 원산 송도원해수욕장과 금강산을 다녀온 뒤 〈바다〉와 〈비로봉〉이라는 두 편의 시를 썼다. 일제강점기 당시 원산은 아시아 최고의 휴양지로 손꼽힐 정도로 유명했고, 원산의 바다와 금강산 관광을 같이 하는 것이 요즘 식으로 하나의 패키지 투어 상품이었다. 윤동주가 쓴 시 〈바다〉에는 송도원에서 바라본 바다의 모습이 담겼고 〈비로봉〉은 금강산 비로봉에 올라서 내려다본 풍경을 그렸다.

바다

실어다 뿌리는
바람조차 시원타.

솔나무 가지마다 새츰히
고개를 돌리어 삐들어지고

밀치고
밀치운다.

이랑을 넘는 물결은
폭포처럼 피어오른다.

해변(海邊)에 아이들이 모인다
찰찰 손을 씻고 구보로.

바다는 자꾸 섧어진다.
갈매기의 노래에……

돌아다보고 돌아다보고
돌아가는 오늘의 바다여!

- 1937년 원산 송도원에서

비로봉

만상을
굽어보기란?

무릎이
오들오들 떨린다.

백화
어려서 늙었다.

새가 나비가 된다.

정말 구름이
비가 된다.

옷자락이
춥다.

- 1937년 비로봉에서

동해가 준
선물

　동해바다가 원산에 준 선물, 그것은 바로 다양한 해산물이다. 신명일 북한 촬영감독이 조개와 새우 등 해산물을 한아름 가져와 촬영을 시작했다. 해산물을 보니 배가 고파졌다. 평양에서는 여러 지방에서 들어온 다양한 재료로 다채로운 음식을 만든다면, 원산에서는 인근의 땅과 동해에서 나는 여러 제철 재료로 이색적인 요리를 선보인다. 원산에 와서 먹지 않으면 안 되는 특산 음식이 있다고 해서 북한 제작진의 안내로 '친선관'이라는 식당에 갔다.

원산 대표 요리, 원산잡채
　주방에 들어서니 접시가 좁을 만큼 커다란 함박조개, 솥을 감아버릴 듯 길고 큰 문어를 비롯해 원산에서 난 해산물이 조리대에 올라와 있다. 원산 앞바다에서 나는 문어, 조개류와 당면, 다양한 채소를 무친 원산잡채다. 원산에 가보지 않은 사람이라면 난생처음 보는 음식이다. 해산물과 채소를 채 썰어 만든 모양이 우리가 알던 잡채와는 전혀 다르다. 해물이 주재료인 원산잡채는 해물잡채, 해물분탕으로도 알려졌다. 분탕은 북한말로 당면을 뜻한다.

원산 앞바다에서 잡은 문어, 소라, 조개, 전복 등의 싱싱한 해산물을 이용해 만드는 것이 원산잡채의 특징이다. 먼저 각종 해산물을 채 썰고 오이와 채소는 큼지막하게 잘라 놓는다. 그다음 손질한 해

▼ 각종 해산물과 채소, 당면을 양념장에 무쳐 내는 원산잡채

산물과 채소를 익힌 당면과 함께 무쳐 내면 완성이다.

잡채는 사실 아주 오래된 음식이다. 궁중음식이기도 했고 양반가에서도 특별식이었다. 잡채에서 '잡'은 여러 가지를 섞는다는 의미이고 '채'는 채소를 의미한다. 원래는 당면이 들어가지 않고 여러 채소 혹은 나물을 섞어 만든 음식이었으며 지역마다 다른 식재료를 넣어 특색 있게 만들었다. 우리의 잡채는 이제 하나의 반찬처럼 쉽게 사 먹을 수 있는 대중적인 음식이 되었지만 북한에서는 여전히 잡채를 하나의 요리로 여기는 것 같았다.

옛날 잡채는 간도 많이 하지 않고 슴슴하게 만든 다음 따로 간장을 제공해 입맛에 맞게 간을 맞추게끔 했다. 오늘날 우리가 먹는 잡채와는 달리 다양한 식재료의 맛을 더 즐기는 형태의 요리였던 것이다. 이런 관점에서 보면 원산잡채는 옛날 잡채의 형태와 가까워 보인다.

주방에서 재료를 조리하는 모습을 보니 손이 상당히 많이 가는 것 같았다. 원산잡채에 들어가는 재료들은 입안에서 어우러지며 내는 식감이 다르기 때문에 각각의 재료 특성에 맞게 조리해야 한다. 어떤 것은 찌고, 또 어떤 것은 삶는다.

이곳 요리사의 말에 따르면 당면을 '무친다'고 해서 원산잡채라고 부르는데, 밑간이 당면 깊숙이 잘 스며들도록 무쳐 내는 것이 잡채의 맛을 좌우할 만큼 중요하다고 한다. 간은 세지 않았고 당면이 들어가긴 하지만 크게 눈에 띄지 않는다. 당면은 재료들의 조화를 거들 뿐, 다른 식재료들이 더 부각되어 보였다. 간장을 넣은 고기

잡채와는 또 다른 매력이 있었고 당면도 간장으로 간을 하지 않아 하였다. 우리가 먹는 잡채는 시금치, 당근 등 채소 위주의 재료를 볶아 먹는 요리에 가깝게 변형되었다. 반면 원산잡채는 미리 조리한 각종 해산물에 배즙 등을 넣어 섞어 먹는 '무침'의 느낌이 강했다.

원산잡채의 또 다른 특징은 배가 들어가 있다는 것이다. 단맛을 내는 용도로 배를 채 썰어 넣었다. 배를 넣으면 설탕을 많이 넣지 않아도 된다. 원산잡채는 단순해 보이지만 어쩌면 아주 디테일한 음식인지도 모른다.

원산잡채를 맛보았다. 김영일 연구사는 접시 바닥에 깔린 '즙'을 잘 적셔 먹으라고 했다. 무치는 과정에서 생긴 국물을 적셔 먹으라는 뜻이다. 재료를 국물에 적당히 적셔가며 간을 맞추면 된다. 잡채를 한 입 먹으니 원산 앞바다가 입안으로 들어오는 듯하다. 각 재료의 식감과 맛이 살아 있다. 특히 조개의 쫄깃한 맛과 배의 단맛이 잘 어우러졌다.

강원도에서 자란 유현수 셰프는 우리가 촬영한 원산의 음식들을 보고 조금이나마 동질감을 느꼈다고 말했다. 원산의 음식들이 어릴 때 할머니가 해주시던 담백하고 간결한 음식들의 기억을 깨웠다는 것이다. 같은 동해에서 식재료를 구하니 조리를 하는 방식에서도 유사점이 있다. 단순한 조리 과정과 과하지 않은 양념, 식재료 그 자체가 주는 강렬함. 강원도의 음식 유전자는 쉽게 사라지지 않는다.

돌 위에 구워 먹는 삼색 불고기

또 다른 음식을 맛보기 위해 송도원호텔에 갔다. 송도원호텔 식당은 1979년에 문을 열었으니 꽤 오래된 식당이다. 한 번에 100~120명을 수용할 수 있는 이 식당에서는 원산 앞바다에서 잡아온 생선회, 생선탕 등 많은 요리를 제공한다.

도미탕도 인기 있는 메뉴지만 이곳에서만 맛볼 수 있는 신기한 음식이 있다고 해서 주문해봤다. 오리고기, 오징어, 소고기 세 종류의 고기가 나오더니 큰 돌멩이를 한 사람 앞에 하나씩 놓아준다. 달궈진 돌 위에 삼색 고기를 구워 먹는 원산 돌불고기다. 강원도 앞바다에서 난 천연 돌판에 강원도의 산과 바다에서 난 고기를 구워 먹는다니, 입과 눈과 귀까지 즐거운 강원도의 맛이다. 요리사는 이 요리를 개발하기 위해 닭, 오리, 양고기 등을 써봤지만 지금의 조합이 가장 잘 맞는다고 판단했다고 한다.

"맛도 맛있고 색의 조합도 잘 맞습니다."

▼ 송도원식당의 입구

남한에서도 돌판에 고기를 구워 먹는 일은 있다. 하지만 자연에서 구한 돌을 그대로 가져와서 사용한다는 것이 조금 신기하기도 했다. 게다가 돌은 그린 듯이 동그랗고 굉장히 맨질맨질했다. 돌의 정체가 궁금해졌다. 북강원도 두포의 동해 앞

바다에서 채취한 돌이란다. 바다 밑에 있는 돌이라 처음에는 1미
터만 내려가도 구할 수 있었지만 지금은 더 깊이 들어가서 채집한
다는데 아무 돌이나 쓰면 안 되는 걸까? 봉사원의 설명을 들어보니
이유가 있었다. 온도를 250도까지 올려야 하는데 다른 돌은 쉽게
깨져나가지만 그곳에서 채취한 돌만은 잘 버틴다고 한다.

석쇠나 불판이 아니라 뜨거운 돌 위에 얇게 썰어 양념된 오리고
기, 소고기, 오징어 등을 한 점씩 구워 먹는다. 고기 한 점을 올리니
‘치지직’ 하는 소리가 들린다. 아무리 들어도 질리지 않는 맛있는
소리다. 비가 오면 생각날 듯한 소리가 먼저 오감을 자극한다. 어쩌
면 한반도에서 가장 특색 있는 불고기가 원산의 돌불고기가 아닌
가 싶다.

250도로 달궈진 돌에다 고기를 구우려면 재빠르게 구워야 한다.

▼돌 위에 고기를 구워 먹는 원산돌불고기

그래야 고기의 육즙을 잃지 않고, 돌에 잘 눌러 붙지도 않게 구울 수 있다. 게다가 연기도 많이 나지 않는다. 지역마다 다양한 불고기의 형태가 있을 테지만 돌불고기는 확실히 관광객의 눈과 입을 자극할 수 있겠다는 생각이 들었다. 이원일 셰프도 우리가 찍어온 돌불고기 영상을 보고 비슷한 의견을 말했다.

"북한도 외식산업에 있어서 굉장히 많은 고민을 했다는 흔적이 엿보여요."

이원일 셰프의 말처럼 관광도시로 원산을 개발하면서 음식 문화에 대해서도 많은 고민을 하고 있다는 느낌을 받았다. 단순히 음식을 먹는 것을 넘어 뜨겁게 달군 돌에 고기를 구워 먹는 행위, 그 특별한 경험을 제공하는 것이다. 동해가 준 선물, 풍부한 식재료를 가지고 동해안의 사람들은 그동안 지역만의 독특한 식문화를 만들어왔다. 그리고 그 식문화는 지금도 진화하고 있다.

원산만에서 동해안을 따라 내려가면 통천군이 나온다. 통천은 현대그룹 창업주 고(故) 정주영 명예회장의 고향이기도 하다. 정주영 회장의 호인 '아산(峨山)'이 바로 고향 마을의 이름인 송전면 아산리에서 딴 것이며, 현대아산, 아산병원 등도 여기서 유래된 이름이다. 정주영 회장은 19세에 고향 강원도 통천을 떠났고 서울로 올라올 때 손에 든 것은 소를 판 돈 70원이었다. 그리고 1998년 6월 16일 83세의 정주영 회장은 트럭 50대에 500마리의 소 떼를 싣고 군사분계선을 넘었다. 정주영 회장은 6월 23일까지 8일 동안 북한에 머물면서 평양, 원산, 금강산과 고향인 통천을 방문했다. 그때 북한과 만나 금강산 관광개발 사업, 서해안 공단 사업 및 전자 관련 사업 등을 추진하기로 합의했고, 그 후 역사적인 금강산 관광이 시작되었다.

치료 효과가 있다는 시중호 감탕

제작진은 원산에서 금강산을 가는 길에 통천에 들르기로 했다. 통천에는 이름난 해수욕장인 시중호해수욕장과 감탕 온천이 있다. 시중호해수욕장 안쪽에는 호수가 하나 있는데 바로 시중호(侍中湖)

다. '시중호'라는 이름에 얽힌 이야기가 있다. 조선 시대 한명회가 감사로 있을 때 강원도를 순찰하는 길에 이 호수를 유람하고 있었는데 서울에서 그가 우의정으로 임명되었다는 소식을 들었다. 우의정은 고려의 시중에 해당되기 때문에 한명회는 이 호수에 기쁜 마음을 담아 시중호란 이름을 지었다고 한다.

그런데 시중호는 감탕 치료장으로 더 유명한 곳이다. 시중호 밑바닥에는 질 좋은 감탕이 깔려 있는데 그것을 이용하는 감탕 치료실과 감탕 제재실, 물리치료실, 일광욕장 등의 시설이 갖추어져 있다. 욕조 안에 진흙으로 목욕을 하는 남성이 보였다. 부드러운 진흙으로 얼굴에 팩을 하면 얼굴이 맨질맨질해진다고 한다. 북한에서는 시중호 감탕이 건강에 좋다고 알려져 있다. 여러 가지 염증성 질환들과 신경계통 질환, 그 밖의 많은 질환을 치료하는 데 도움이 된다고 한다. 대체 무슨 성분으로 되어 있기에 그렇게 효능이 좋다는 것인지 이곳 의사에게 물었다. 의사의 말에 따르면, 시중호 감탕에는 수분이 약 70퍼센트 이상이고 염기가 0.14퍼센트, 결정 성분이 20~21퍼센트, 교질 성분이 10퍼센트 이상, 유황철 0.02퍼센트, 기타 부산물 0.2퍼센트가 함유되어 있다고 한다. 또 수많은 이온 성분, 각종 비타민과 미네랄이 포함되어 있어 효능이 좋다고 한다.

▼ 건강에 좋다고 알려진 시중호 감탕 온천

시중호 앞바다로 나갔다. 이곳

의 바다는 10월 말경부터 11월 중순까지 도로메기(도루묵)가 찾아드는 기본 어장이라고 한다. 도로메기 떼가 이 바다의 섬들에 알을 놓고 나갔다가 다음 해가 되면 어김없이 찾아온다는 것이다. 또 여름철에는 모래가 금싸라기같이 보드라워서 하루 5000명 이상의 사람들이 찾는다.

이곳에는 시중호 휴게소가 있는데 금강산으로 오가는 사람들과 외국 관광객들을 위해 봉사를 하는 곳이다. 관광객들은 이곳에서 음료를 마시며 쉬어 갈 수 있고, 원하면 봉사원들이 사진을 찍어주기도 한다. 금강산을 향해 가던 관광객들이 시중호를 보면 그냥 지나치지 못하고 바닷물에 뛰어들어 놀다 가는 일이 많다고 한다.

추후 시중호에서 마식령스키장까지 철길을 연결할 예정이라고 한다. 우리는 차를 타고 마식령으로 향했다.

눈 쌓인 마식령스키장

마식령(馬息嶺)은 강원도 원산시와 법동군 사이에 있는 높이 768미터의 고개다. 조선 시대에는 마수령(馬樹嶺)이라고도 했는데, 말을 타고 가다가 이 고개를 넘기가 힘들어 쉬어 갔다는 데서 유래한 이름이다. 옛날부터 마식령은 황해도, 평안남도 등의 관서 지방과 관북 지방을 연결하는 중요한 고개였다.

2013년 마식령에 스키장이 들어섰다. 1년 만에 건설된 마식령스키장은 2018년 1월 남한의 선수단이 북한 선수단과 공동 훈련을 하면서 우리에게도 많이 알려지게 되었다.

▲ 마식령스키장에서 스키를 타는 사람들

　우리가 마식령스키장을 찾은 때는 2018년 12월, 눈 쌓인 스키장
에는 스키 시즌이 한창이었다. 여느 스키장처럼 이곳에서는 스키
복과 장비를 대여해주고 레슨도 한다. 한쪽에 레슨을 받는 아이들
과 강사가 보였다. 여섯 살짜리 어린아이도 스키를 신나게 타고 있
었다.

　우리나라에 스키 강습회가 처음 열린 것이 1926년인데, 그때 스
키 강습회를 주최한 기관이 원산에 있는 스키 동호회였다고 알려
져 있다. 스키 타기 좋은 자연조건을 갖추었으니 겨울 스포츠를 받
아들이는 것도 빨랐던 것 같다.

　케이블카를 타고 정상까지 올라가보기로 했다. 케이블카가 대화
봉 정상에 멈췄다. 해발 1363미터는 마식령이 한눈에 들어올 만큼
엄청난 높이였다. 주변을 둘러보니 장관이라는 말은 이럴 때 쓰는

▲ 마식령 정상에서 바라본 풍경

거구나 하는 생각이 들었다.

한참 스키장을 구경하고 나니 출출해져서 마식령호텔로 갔다. 2013년 12월에 완공된 마식령호텔은 300여 명을 수용할 수 있는 규모다. 호텔에 들어서니 샹들리에와 수조 안의 철갑상어 두 마리가 눈에 띄었다. 이곳에서는 마식령에서 나는 식재료로 만든 음식을 맛볼 수 있다. 마식령 도토리로 만든 묵, 두릅튀김, 곰취튀김, 더덕포가 나왔다. 빠질 수 없는 고사리무침과 도라지무침까지 한상이 금세 가득 채워졌다. 다채로운 산나물의 은은한 향과 쌉싸름한 맛이 입안을 감돌았다. 강원도의 자연으로 눈과 마음과 허기를 채운 하루가 어느새 저물고 있었다.

실향민의 도시,
속초

　북한 원산에서 남한 속초로 향하는 길. 북한의 그 길에서 속초 이정표를 만날 수 있다. 속초 64킬로미터. 지금은 돌고 돌아가야 하는 길이지만 옛날에는 안변에서 양양까지 철도로 갈 수 있었다. 1937년 10월에 원산 바로 아래에 있는 안변에서부터 양양까지 동해북부선이 개통되었다. 원래 철도선을 부산까지 연결할 계획이었는데 6·25 전쟁 후 휴전선부터 양양까지의 철도선은 끊겼다.

　실향민 사진을 전문적으로 찍는 장공순 사진작가에게 동해북부선 철길은 특별한 장소다. 그의 어머니는 함경북도 청진 출신으로 1940년에 일제의 수탈을 이기지 못하고 강릉으로 이주했는데 이때 동해북부선 열차를 타고 왔다. 열차를 타고 쉬다 가다, 쉬다 가다를 반복하며 이틀을 걸려 강릉에 도착했다고 한다. 원산에서 동해안을

▲ 북한에서 만난 속초 이정표

따라 오가던 열차의 흔적, 그리고 철책들. 어릴 때 어머니가 들려준 동해북부선에 관한 이야기가 그를 끊겨버린 철도로 이끌었는지도 모른다. 장공순 씨는 동해북부선 철길에 관심을 갖고 그곳을 촬영하기 시작했다.

열차가 다니던 그 시절 동해안을 따라 기차를 타고 가면 아름다운 풍경이 펼쳐졌다고 한다. 푸른 바다와 소나무가 있었고, 철길을 따라 해당화가 피었다. 오랜 세월 열차가 찾지 않은 철길은 이제 많이 녹슬었지만 여전히 오가던 열차를 기억하는 사람들이 있는 곳, 속초로 향했다.

실향민의 도시에서 관광도시로

남북이 갈라지기 전, 동해안을 따라 달리던 동해북부선 열차는

속초

원산

속초와 원산은 지리적으로 가까웠기에
많은 영향을 주고받았다.
같은 동해바다와 같은 철길을 공유하기도 했다.

속초역을 거쳐 갔다. 일제강점기 이후에는 양양에서 원산까지 도로가 깔렸는데 이 도로가 속초를 관통했다. 속초에서 서울에 가려고 해도 철도를 타고 원산에 간 다음 거기서 경원선을 타고 서울로 들어가야 했다. 이처럼 속초와 원산은 지리적으로 가까워서 서로 영향을 주고받을 수밖에 없었고 문화적 교류도 많았다.

속초문화원 향토사연구위원 엄경선 씨는 《속초음식생활사》라는 책을 펴낼 정도로 속초를 사랑하는 속초 시민이다. 그는 속초에서 나고 자라 서울에서 대학을 다녔는데 당시 그의 말투를 보고 북한에서 왔냐고 묻는 사람이 많았다고 한다. 그만큼 속초의 사투리가 원산을 비롯한 함경도 사투리와 비슷했다. 같은 강원도였으니 어쩌면 너무나 당연한 일이다.

연간 1500만 명의 관광객이 찾아오는 관광의 도시 속초. 설악산과 청초호, 영랑호도 좋지만 사람들을 이끄는 건 무엇보다 바다다. 속초 하면 바로 바다를 떠올릴 만큼 속초는 유명한 해안도시다. 게다가 속초는 해돋이 명소로 꼽히기 때문에 추운 겨울에도 발 디딜 틈 없이 많은 사람이 찾아온다.

일출을 보려는 사람들로 붐비는 해변으로 나가 해를 기다렸다. 바다와 한 몸인 듯 검었던 하늘에 서서히 푸른빛이 돌기 시작했다. 해가 떠오르는 것이다. 작은 불덩이 같은 해가 수평선 위로 떠오르자 보라색과 감색, 주황색의 영롱한 색채가 하늘에 펼쳐졌다. 하늘에는 커다란 구름 세 덩이가 형태를 드러내고 새들은 해를 환영하듯 날아올랐다. 해가 수평선 위로 완전히 떠오르자 수면에 드리워진

▲ 해가 떠오르고 있는 속초 바다

빛을 따라 물새가 지나갔다. 저 멀리 수평선을 따라 어선 한 척이 지나고 있었다. 속초와 속초 사람들은 매일 가장 빠른 해를 맞는다.

속초는 1950년대까지 양양군에 속한 작은 어촌이었다. 조선 시대는 물론이고 일제강점기에도 속초는 그리 두드러지는 지역은 아니었다. 이는 강원도라는 이름이 강릉과 원주의 앞 글자를 따온 것이라는 사실만 봐도 알 수 있다. 그러다 6·25 전쟁이 발발하자 함경도와 강원도 북부지역의 주민들이 전쟁을 피해 속초로 왔다. 흥남철수 작전으로 부산으로 피란했던 실향민들이 통일을 기대하고 휴전선에서 가까운 속초로 몰려들기 시작했고, 그대로 속초에 정착하게 된다. 그렇게 속초는 한국에서 실향민이 가장 많이 사는 도시가 되었다. 한때는 전체 시민 중 70퍼센트 정도가 실향민이었을 정도다.

명태나 오징어 같은 수산업이 부흥하면서 1963년 속초는 시로

승격되었다. 그 후 지금에 이르기까지, 강원도를 대표하는 관광도
시가 되어 사람들로 북적이지만 그 이면에는 또 다른 얼굴, 실향의
슬픔이 있다. 관광객으로 시끌벅적한 속초 시내에서 벗어나 청호동
으로 가면 조금 다른 분위기를 가진 남한 유일의 실향민 집성촌인
아바이마을이 있다.

그리움과 기억의 아바이마을

바다 위 다리인 설악대교를 달려 아바이마을에 도착했다. 아바이
마을은 어촌 마을의 풍경을 여전히 가지고 있다.

햇빛에 반사되어 일렁이는 바닷물 위에 배가 떠다니고 항구에는
조업을 나가지 않은 배가 얌전히 정박해 있다. 부둣가에선 작업줄
을 손질하는 늙은 어부의 손길이 바쁘다. 꽃게 더미 옆에서 꽃게를
손질하는 노인을 지나 골목으로 들어서니 '아바이마을'이라고 쓰
인 표지판이 보였다.

골목에는 오래된 시간을 기억하는 벽화와 사진들이 붙어 있다.
빨래터에서 빨래하는 아낙네들과 바닷가 앞에 모여 있는 사람들,
배에 올라타 있는 사람 등 그 시절의 기억은 아직 이곳에 생생하게
살아 있다.

"원산에서 나왔고 '일주일 나갔다가 다시 돌아가자' 했는데 그
일주일이 70년이 됐죠."

"통일이 되면 들어간다고 해서 주문진에 갔다가 속초로 올라왔
어요."

아바이마을의 많은 실향민이 그 시절의 기억, 고향의 추억을 가슴 깊이 품고 있었다. 분단 이후 실향민 수천 명이 황무지였던 청호동에 모여들었다. 집도 땅도 없고 빈손으로 내려온 사람들이니 허허벌판에 천막을 세워 비바람을 피할 수밖에 없었다. 바닷가 모래사장에 수천 개의 천막이 세워졌다. 그리고 함경도에서 내려온 피란민이 많다고 해서 '아바이마을'이라는 이름이 붙었다. '아바이'는 '아버지'라는 뜻의 북한 사투리다.

속초 시내와 아바이마을 사이에 속초항 수로가 있다. 그래서 아바이마을에서 시내로 오가기 위해서는 조그만 갯배를 타고 노를 저어 다니며 생업을 꾸려가야 했다. 갯배에는 실향민들의 아픔과 생활상이 그대로 녹아 있다.

시내로 나가는 유일한 교통수단이자 속초의 역사이기도 한 갯배는 이제 속초에서 가장 인기 있는 관광상품이 되었다. 또한 아직도 갯배는 아바이마을의 중요한 교통수단이기도 하다. 아바이마을에서 시내를 나갈 때 차를 타면 빙 돌아 10분 이상 걸리는 거리지만 갯배를 타면 2, 3분이면 도착한다는 것이다.

아무것도 없는 황무지에 천막을 치고 삶을 일군 생명력, 살아 있으면 언젠가는 고향에 갈 수 있으리라는 희망의 끈, 지금의 속초를 만든 힘은 그런 실향민들의 삶 자체가 아니었을까.

과거

현재

아바이마을과 속초 시내를 연결하던
유일한 교통수단이었던 갯배는
이제 인기 있는 관광상품이 되었다.

속초 청호동에는 실향민들이 모여 사는
아바이마을이 있다.
이곳에는 고향을 그리워하며
세월을 견딘 사람들이 있다.

명태와
오징어

함경도 출신 실향민이 많았기에 속초는 독특한 음식 문화를 갖게 되었다. 생선으로 식해를 만들어 먹는 문화도 그중 하나다. 사실 식해는 함경도에만 있는 음식은 아니다. 조선 시대에 나온 조리서인 《산가요록(山家要錄)》에도 식해가 소개되어 있다. 생선뿐 아니라 꿩고기, 소의 양, 돼지고기 껍질 등을 국물에 섞어 보관해 먹을 수 있는데, 이것을 식해라고 설명하고 있다. 이런 식해 문화는 남쪽에도 일부 남아 있지만 많이 사라졌다. 그러나 속초에서는 식해가 꾸준히 사랑받는 음식이고 속초를 대표하는 음식이라고 할 수 있을 정도다.

속초에서 범위를 좁혀 아바이마을로 들어가보자. 아바이마을 하면 빼놓을 수 없는 음식이 있다. 바로 아바이순대다. 아바이순대에

대해 더 자세히 알아보기 위해 아바이마을에 있는 단천식당에 갔
다. 이곳에서는 아바이순대를 거의 북한 방식 그대로 만들어낸다.
아바이순대에는 참으로 많은 재료가 들어간다. 우선 돼지고기와 선
지가 들어가고 배추, 시래기, 부추, 당근, 양파, 파 등 다양한 채소가
들어간다. 아직 끝나지 않았다. 마늘, 생강은 기본이고 완두콩도 들
어간다. 여기에 또 하나, 불린 쌀이 들어가는데 찹쌀과 멥쌀을 7:3
의 비율로 넣는다. 이 모든 재료를 곱창에 집어넣어 쪄내면 아바이
순대가 완성된다. 아바이순대가 남한의 순대와 가장 다른 점은 당
면 대신 쌀이 들어간다는 것. 아바이순대는 쌀과 채소 그리고 돼지
고기로 3대 영양소를 알차게 채워 든든한 한 끼가 된다.

실향민을 달래준 오징어순대

　단천식당을 지키고 있는 윤복자 할머니는 실향민 가족으로 60여
년을 살았다. 할머니의 남편은 함경남도 단천 출신이었는데 1·4 후
퇴 때 홀로 속초로 내려왔다. 금방 고향으로 돌아갈 수 있을 줄 알
았는데 그 길로 영영 돌아가지 못했다. 할아버지는 강원도 출신의
할머니를 만나 통일될 날을 함께 기다리며 북한에서 가까운 아바
이마을에 터를 잡고 살았다.

　할아버지는 할머니에게 고향에서 먹던 순대 만드는 법을 알려주
었다. 할아버지의 고향 함경도에서는 잔칫날에 돼지를 잡으면 아바
이순대를 만들어 먹었다. 우리가 분식으로 순대를 먹는 것과 달리
아바이순대는 일종의 특별식이었다. 아바이순대에는 고급 재료라

▲ 윤복자 할머니가 자주 가는 속초중앙시장

고 할 수 있는 것이 많이 들어갔고 식사 대용으로 충분할 만큼 든든
했다. 또 아바이마을은 실향민 마을이다 보니 북에서 온 다른 '아마
이(어머니)'들이 새댁이던 할머니에게 이북 음식을 많이 가르쳐주
었다고 한다.

　할아버지 생각이 나면 할머니는 시장에 간다. 할아버지가 고향
생각을 하면서 먹던 오징어를 사러 가는 것이다. 고작 500리 떨어
진 고향에 가지 못하고 평생 고향을 그리워하며 살다 간 할아버지.
할아버지는 바다에서 오징어를 잡아 자식들을 공부시키면서 오징
어순대로 그리움을 달랬다. 특히 명절이 되면 할아버지는 오징어순
대를 먹다가 가슴을 치며 우는 일이 많았다고 한다.

　못생긴 도치부터 속초 명물 양미리까지, 다양한 수산물이 모여드
는 속초중앙시장은 1950년대 실향민들이 물고기를 내다팔던 삶의

터전이었다. 그냥 지나치기 힘든 거대한 갑오징어가 눈길을 사로잡는다. 예전에 동해는 오징어 천국이었다. 만 원으로 오징어 20마리를 살 수 있을 정도로 넘쳐나서 생물로도 얼마든지 먹을 수 있었다. 그런데 이제는 동해 앞바다에 오징어가 잘 나지 않아서 더 멀리 나가서 잡아와야 하기 때문에 오징어를 냉동해둘 수밖에 없다. 어획량이 줄어들면서 오징어 가격도 많이 올랐고 심지어 '금징어'라 불린다니 할머니가 살아온 세월만큼 세상은 많이 변했다.

오징어를 사온 할머니는 오징어순대를 만들기 시작했다. 손질해

▼ 다진 채소와 쌀로 오징어 속을 채우고 찐 다음 지져 내는 오징어순대

서 속을 비운 오징어 배 속에 당면과 각종 채소를 빵빵하게 채워 넣는다. 단백질과 타우린이 풍부한 오징어에 부족한 미네랄과 탄수화물을 채운 영양식이다.

오징어는 익으면 쪼그라들기 때문에 속은 약간의 여유를 두고 채워야 익혔을 때 빵빵하고 예쁜 형태가 된다. 그런 다음에는 오징어 속이 삐져나오지 않게 이쑤시개로 마무리한다. 이렇게 만든 오징어들을 나란히 눕혀 찜통에 넣어 찌면 실향민 할아버지가 즐겨 드셨다는 오징어순대가 완성된다. 1950년대에는 속초 바닷바람에 살짝 언 오징어순대를 노릇노릇 지지는 냄새가 아바이마을을 대표하는 냄새였다고 한다. 고향에 못 가는 서러운 마음을 오징어순대 한 접시로 달래던 실향민들이 되살린, 가지 못하는 고향의 맛이다.

지금도 단천이 고향인 실향민들이 단천식당의 간판을 보고 들어오는 경우가 많다고 한다. 고향에 온 것 같다고, 고향 음식을 먹는 것 같다고 하며 저린 마음을 잠시나마 추스른다고 한다. 실향민, 그들은 어부가 되어 속초의 바다를 지켰고 인구가 늘어 시가 된 속초의 시민으로 살았다. 그래도 그들의 시선 끝에는 늘 그리운 고향이 있었다. 실향민에게 고향의 맛인 오징어순대도 이제는 관광객들이 찾는 속초의 맛이 되었다.

오징어순대의 원조, 명태순대

오징어순대의 시작이 된 음식은 명태순대로, 북한 강원도 지역과 함경도에서 잔치가 있을 때 해 먹는 향토 요리다. 윤복자 할머니의 남편도 북한에 있을 때 즐겨 먹던 명태순대를 제사상에 꼭 올렸다고 한다. 함경도의 해안 지역에서 명태가 많이 나기 때문에 겨울이면 명태로 순대를 만들어 먹은 것인데, 남한에서도 동해바다에 명태 반, 물 반이던 시절 강원도 사람들이 즐겨 찾던 별미였다.

속초에 정착한 실향민들은 명태순대를 '통심이'라는 이름으로 불렀다고 한다. 이때 사용하는 명태는 코다리와 비슷하다. 명태에 속을 채워 넣은 다음 꼬챙이에 끼워서 꾸둑꾸둑하게 말린 다음 찌면 명태순대가 된다. 조리과정에서 짐작이 가듯이 명태순대는 워낙 손이 많이 가는 음식이라 이제는 아바이마을에서도 찾아보기 힘들다. 대신 속초에서 오징어가 많이 나면서 명태순대가 오징어순대로 이어지게 되었다. 점차 실향민들도 상대적으로 손질하기 쉬운 오징어순대를 더 많이 먹게 되었다. 1970년대를 거치며 오징어순대는 상품화되었고 속초의 대표적인 음식으로 자리 잡았다. 명태순대를 보기 힘든 것은 동해안에서 명태가 사라진 탓도 있을 것이다.

명태는 1970년대와 1980년대만 해도 동해안에서 굉장히 많이 잡혔다. 그러던 것이 1980년대 후반부터 급격히 감소하면서 2000년대에 들어서는 10톤 이하로 떨어졌다. 2007년부터는 1톤 내외로 명태 어획량은 급감했다. 그렇기 때문에 최근에는 명태를 어획하는 어업민은 거의 찾아볼 수 없게 되었다. 다른 어종을 어획하다가 우연히 명태가 혼입되는 경우가 있을 뿐이다. 명태는 왜 사라졌을까? 우선 해양환경이 변했기 때문이라고 추측하고 있다. 지구 온난화로 해수 온도가 상승하면서 적어도 남한의 동해에서는 명태를 찾기 힘들게 되었다. 또 1970년대에 명태의 새끼인 노가리 어획량이 굉장히 많았기 때문에 명태가 다 사라졌다고 보는 시각도 있다.

　강원도에서 명태는 어업인들의 주요 소득원이었고 명태는 우리나라 사람들이 좋아하는 '국민생선'이라고까지 불렸는데 사라지고 있다니 안타까운 일이다. 다행히 2014년부터 한해성수산자원센터에서 명태 자원을 회복하기 위해 해수부와 공동으로 명태 살리기 프로젝트를 시작했다. 양식장에서 명태를 키워 2016년에 1만 6000마리의 명태를 동해안에 방류했는데 최근 그중 네 마리가 동해에서 잡혔다. 넓은 바다에서 네 마리가 잡혔다는 것에는 큰 의미가 있다. 이처럼 방류를 하면, 어느 정도의 명태는 동해에 서식하는 것으로 확인되었기 때문에 이 프로젝트의 앞날을 밝게 보고 있다.

　그렇다면 원산에서는 명태순대를 만날 수 있을까? 다시 원산으로 가보자. 원산백화점에 있는 친선관은 외국 손님들을 위주로 봉사하는 식당이다. 하루 평균 100여 명의 손님들을 받고 있다. 여기서 가장 맛있다고 자랑하는 음식이 바로 명태순대다. 명태순대는 강원도뿐 아니라 함경도에서도 이름난 음식이라고 한다.

　명태 속에 갖은 양념을 채워 만드는 명태순대는 만들기가 참 까다롭다고 알려져 있다. 우선 명태의 뼈를 빼내야 소를 채울 수 있는데 살이 흐트러지지 않게 뼈를 꺼내야 한다. 속을 채우고 쪄내는 것도 쉽지 않다. 우리는 그 과정을 식당 주방에서 지켜봤다. 명태는 먼저 깨끗이 씻어 뼈를 발라내고 등에서부터 뒤집어 살이 밖으로 나오게 한 다음 소금, 후추로 간을 해둔다. 그다음은 순대 소를 만드는

데 쌀과 파, 허파, 고춧가루, 명란, 명태 내장 등을 버무려서 만든다. 재워둔 명태를 다시 뒤집어서 그 안에 순대 소를 채운다. 이것을 가마에 넣고 10~15분간 쪄내면 된다. 명태는 너무 커도 안 되고 작아도 안 된다. 적당한 크기여야 모양도 맛도 좋다. 명태순대라고 하니 비리지 않을까 걱정했지만 비리지 않고 담백하다.

원산 사람들은 명태를 잡으면 명태순대를 만들어 보관해뒀다가 겨우내 하나씩 꺼내 쪄 먹었다고 한다. 남한에서는 그리움의 맛이 된 명태순대의 맛. 명태와 오징어라는 기본 재료만 다를 뿐 조리법

▼ 명태 속에 순대 소를 채우고 쪄내는 명태순대

오징어순대

명태순대

동해에서 많이 나는 재료를 이용한 동해의 맛,
오징어순대와 명태순대는
잔치나 명절에 상에 올리던 특별식이었다.

이 참 많이 닮은 명태순대와 오징어순대는 모두 동해의 맛이다. 동해의 맛으로 이어진 두 도시는 참으로 특별한 인연이 닿았다.

실향민의 손에서 탄생한 속초 함흥냉면

동해의 맛을 함께 느낄 수 있는 속초의 또 다른 명물을 찾아갔다. 남한에서 함흥냉면의 원조집이라는 함흥냉면옥이다. 이곳은 1951년에 고 이섭봉 씨가 시작한 가게인데 지금은 아들이 이어받아 운영하고 있다. 이섭봉 씨는 함경남도 함흥 출신으로 1·4 후퇴 때 부산으로 갔다가 다시 고향으로 가겠다고 속초에 올라왔다. 하지만 다시 고향에 가지 못하게 되자 이곳에 정착하고 생계수단으로 냉면을 만들게 되었다. 그러니까 그는 남한 최초의 함흥냉면을 이곳 속초에서 시작한 것이다.

사실 이섭봉 씨는 북한에 있을 때만 해도 냉면과는 전혀 관련이 없었고 일제강점기에 사이클 선수로 활동했던 체육인이었다. 북한에서는 꽤 잘살던 집에 형제도 많았다는 그는 6·25 전쟁 중에 남쪽으로 넘어오게 된다. 전쟁통에 그 많던 가족이 뿔뿔이 흩어졌는데 다행히 속초에서 매형과 상봉하게 된다. 매형은 이북에서 냉면 주방장이었는데 그도 생계를 위해 매형에게 냉면 만드는 법을 배워 장사를 시작했다.

당시만 해도 동해에는 명태나 오징어가 굉장히 많이 잡혔다. 또한 그때도 속초에는 인구가 많았고 항구다 보니 뱃사람도 많았다. 뱃사람들이 바다에 나갔다가 돌아오면 작업을 하면서 음식을 많이 시

▲ 고(故) 이섭봉 씨가 냉면을 배달하던 모습

켰는데 냉면을 20~30그릇씩 시켰다. 그 시절 오토바이가 있었을 리
만무한데 그 많은 양을 어떻게 배달했을까? 사이클 선수였던 이섭
봉 씨의 경험이 이때 빛을 발했다. 넓은 목판을 만들어서 거기에다
냉면 그릇들을 이중으로 쌓은 다음 자전거를 타고 배달을 다녔다.

　고기를 고명으로 얹은 평양냉면과는 확연히 다른 함흥냉면옥의
함흥냉면은 지역 특색을 살려 바다의 해산물을 면에 올리는 것이
특징이다. 이섭봉 씨가 처음 함흥냉면을 만들었을 당시에는 함흥에
서 와서 만든 냉면이라고 해서 함흥냉면이라는 이름을 붙였고, 그
것이 고유명사가 되었다. 하지만 원래 함흥에서 먹는 냉면은 남한
의 함흥냉면과는 차이가 많다고 한다. 함흥에서 냉면은 가정에서
자주 해 먹는 음식으로 딱히 정해진 것은 없었다. 물냉면으로 먹을
수도 있고, 비빔냉면으로 먹을 수도 있다. 고명도 김치나 회 등 집

에 있는 재료를 올려 먹었다. 그것을 실향민들이 정형화해서 지금의 함흥냉면 형태를 만든 것이다. 그렇게 한 실향민이 고향에서 가족과 먹던 그리운 맛이 식당에서 팔려 나가고 전국으로 퍼지게 되었다. 함흥냉면은 속초 사람들이 가장 즐겨 먹는 음식이 되었고 현재 속초에는 20개 이상의 함흥냉면집이 있다.

남한에서도 서울식 함흥냉면과 속초식 함흥냉면 사이에는 차이가 있다. 속초의 함흥냉면은 서울의 함흥냉면보다 조금 더 투박하다. 양념에 파를 많이 넣으며 그 맛은 서울보다 덜 달고 더 맵다. 또 옛날에는 배를 채워야 하는데 냉면만으로는 포만감을 주기가 힘들었기 때문에 육수를 많이 넣어서 양념장과 잘 섞어 먹었다. 그렇게 하면 냉면 육수로 전날 마신 술 해장도 되었다는 것이다. 그래서 속초 사람들은 육수를 먼저 들이켠 다음 면을 먹는 방식으로 함흥냉면을 먹는다. 반면 서울의 함흥냉면은 육수가 없는 비빔국수라는 인상이 강하다.

속초에서도 함흥냉면은 조금씩 변화했다. 이섭봉 씨가 처음 속초에서 함흥냉면을 시작할 때는 고명으로 명태가 아니라 가자미를 올렸다. 가자미를 손질해서 빨갛게 무친 다음 고명으로 올렸다. 그러다 가자미가 잡히지 않게 되면서 2대 사장 때부터는 쥐치를 올렸다. 쥐치마저 없을 때는 상어고기나 고래고기도 써보았다. 그러다 명태를 써보았는데 비린 맛이 없고 담백해서 그때부터 명태를 쓰게 되었다. 그것이 1980년대 초반이었는데 서울에서는 명태를 잘 모를 때였다고 한다. 그러다 2005년에 함흥냉면옥이 우연히 방송

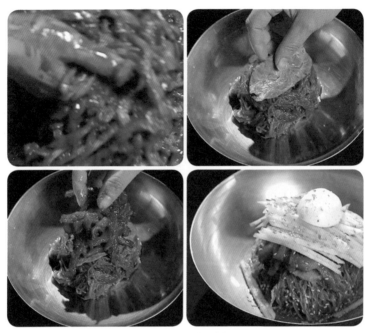

▲ 면에 명태회를 올리고 육수를 부어 먹는 속초 함흥냉면

에 출연하면서 명태 고명이 전국적으로 퍼져나가게 된다.

　고명으로 올라가는 명태회는 어떻게 만들까? 명태포에 소금과 식초를 넣고 하루 정도 재우면 명태가 꼬들꼬들해진다. 그 명태를 물에 깨끗이 씻은 후에 설탕을 넣어 네 시간 정도 재어놓는다. 마지막으로 고춧가루와 참기름을 넣어 버무리면 명태회가 완성된다. 실향민이 속초에서 시작한 함흥냉면은 전국으로 퍼져 대중적인 음식이 되었다. 속초에서 찾은 북한의 맛, 동해로 이어진 원산에도 그 맛이 있을까?

원산의 광어회국수

원산의 송도원호텔 식당에서는 광어회국수를 맛볼 수 있다. 7~8월 해수욕 철이 되면 송도원해수욕장을 찾은 관광객들로 식당이 꽉 차는데 시원한 광어회국수는 인기 메뉴다. 북한에서는 가자미를 광어라고 부른다.

주방에서 조리 과정을 지켜봤다. 광어, 그러니까 가자미를 손질해 살을 발라내고 그릇에 각종 채소와 양념을 넣는다. 육수를 넣고

▼ 양념한 광어회와 육수를 부어 먹는 원산 회국수

직접 뽑은 국수를 넣으면 완성이다. 함흥냉면이 아니라 회국수라고 하는데 다른 음식이라기엔 너무나 닮았다. 생선회를 잘라 고춧가루로 양념하는 것이 비슷하다. 면에 빨간 생선회 고명을 얹어 내는 것도 꼭 닮았다. 먹기 전 육수를 자작하게 붓는 것까지 똑같다.

요리사에게 맛있는 회국수를 만드는 비결을 물었다. 우선 신선한 광어가 있어야 하고 두 번째로 국수를 잘 만들어야 하며 세 번째로 국물을 잘 내야 하는 것이 비법이라고 한다. 이곳에서는 동해바다에서 나온 광어를 바로 잡아 회를 쳐 신선하다. 또 메밀을 직접 미분해서 바로 면을 누르기 때문에 면이 쫄깃하고 매끈하다. 육수는 소고기로 내고 동치미 국물을 더한 다음 설탕과 식초로 새콤달콤한 맛을 더한다. 김영일 조선요리협회 연구사는 함흥에서도 회국수를 먹지만 녹말 국수였는데 이곳에서는 메밀로 국수를 만드는 것이 특이하다고 한다. 원래 평안도에서는 메밀이 많이 나서 평양냉면처럼 메밀로 국수를 만들었고 함흥에서는 농마, 즉 전분이 많이 나서 전분으로 쫄깃한 면을 만들었다.

회국수는 회의 맛을 잘 느낄 수 있도록 육수를 너무 많이 넣기보다는 자작하게 넣는 게 좋다고 한다. 그렇게 먹다가 기호에 따라 육수를 조금 더 넣어도 좋다. 국수와 회를 잘 섞어서 후루룩 먹으면 구수한 광어회와 매끄러운 면, 시원한 육수가 어우러진다. 예상했던 대로 속초의 함흥냉면과 크게 다르지 않은 맛이다.

남과 북에서는 서로 다른 사람들이 다른 듯 닮은 국수를 먹는다. 함흥냉면은 실향민에게는 그리움의 맛이고 관광객에게는 호기심

실향민이 만든 속초 함흥냉면과 원산 회국수는
조리과정에서 겉모습까지 무척 닮아 있다.
속초와 원산은 여전히 비슷한 음식 문화를 공유하고 있다.

의 맛이다. 함흥의 가정에서 흔히 먹던 회국수는 원산에서는 메밀로 만든 회국수로 바뀌었고, 이것이 실향민의 손을 거쳐 남한에서 함흥냉면이라는 형태로 자리 잡았다. 또 함흥냉면이 물냉면과 비빔냉면으로 나뉘기도 했다. 평양냉면처럼 북한의 함흥냉면도 그동안 변해오지 않았을까? 어떻게 변해왔을까? 아직 확인하지 못한 것이 많다. 그러나 우리는 계속 질문해야 한다. 우리의 질문과 저들의 대답이 오가는 과정 속에서 남북 간의 음식 간격이 좁아지고 멀어져만 갔던 우리의 발걸음도 조금은 가까워지지 않을까.

❖ 이원일이 본 원산 음식 ❖

원산의 특산 음식을 취재한 영상을 이원일 셰프에게 보여주고 요리사로서의 의견을 들어보았다. 원산과 속초 음식의 공통점과 차이점을 알아보자.

북한에서 쏘가리탕 끓이는 모습은 우리와 어떤 차이가 있나요?
쏘가리는 민물고기이기 때문에 흙내 같은 게 있어요. 그래서 보통 남한에서는 다진 마늘을 넣어서 쏘가리의 흙내를 없앱니다. 북한에서 쏘가리탕을 끓이는 걸 보니 특이한 재료는 된장이더라고요. 토장이라고도 부르는데 된장을 풀어 넣으면 발효된 콩에서 나오는 구수한 향이 흙내를 감싸줍니다. 남한에서는 매콤 칼칼하게 끓여 먹는다면 북한에서는 좀 더 구수하게 끓여 먹는 것 같네요.

돌불고기라는 음식은 어땠나요?
신기했어요. 파도에 깎여서 둥글둥글해진 데다 평평한 돌을 잘 구했네요. 요즘 우리나라에서도 돌판 같은 데다 고기를 구워 먹잖아요. 그런데 아예 생돌을 주워서 하는 건 처음 봅니다. 전통적인 방식도 아니에요. 우리나라는 방 안에 화로를 놓았던 문화이기 때문에 화로에다 음식을 구워 먹지 돌에다 직접 구워 먹는 문화는 없었어요. 외식산업에서 사람들이 '와우' 하고 흥분시키는 요소를 넣어줘야 음식점이 잘된다고 해요. 돌불고기는 북한도 외식산업에서 많은 고민을 했다는 흔적이라고 생각해요.

오징어순대와 명태순대의 조리법은 비슷한가요?

거의 동일하다고 볼 수 있어요. 주재료가 명태에서 오징어로 바뀌었다 뿐이지 만드는 법은 유사합니다. 북한에서도 명태순대는 고급 음식이라고 알고 있어요. 워낙 손이 많이 가니까요. 명태의 척추라고 할 수 있는 뼈를 빼내야 하는데 살이 흐트러지지 않게 조심해야 하거든요. 또 영상을 보니 안에 들어가는 재료는 따로 미리 익혀서 명태 속에 집어넣네요. 속 재료에 맞춰 너무 푹 익히면 명태 살이 조금 뻣뻣해지니까 이렇게 하는 것 같아요. 명태가 많이 잡히는 곳에서 해 먹을 수 있는 지역색을 보여주는 지혜로운 음식 같아요. 우리나라에는 명태순대를 하는 곳이 많이 없어요. 실향민이 자리 잡은 속초 쪽에는 오징어가 많이 잡히니까 손이 많이 가는 명태 대신 오징어에다 속을 채워 오징어순대를 만들기 시작했죠. 그러니까 오징어순대는 북한의 문화와 남한의 문화가 섞인 절묘한 음식이에요.

명태순대의 맛은 어떨 것 같나요?

명태나 대구 같은 대구과 생선이 가지고 있는 향 자체가 굉장히 독특해요. 육수를 뽑을 때도 북어대가리나 명태를 쓰는 탕이나 대구탕은 국물 맛이 묘하고 맛있어요. 그래서 그 맛을 아는 사람에게는 명태순대도 별미죠. 또 명태 속에 들어가는 재료들이 서로 맛을 교환하면서 어우러졌을 때 내는 감칠맛이 아주 좋을 겁니다.

▌원산 회국수는 우리가 먹는 회냉면과 비슷한가요?

▌회냉면 만드는 것을 보면 가자미식해가 아니라 가자미무침이 올라간 냉면이더라고요. 우리가 알고 있는 회냉면보다는 국물이 많고 물냉면과 회냉면의 중간 정도인 것 같아요. 그리고 우리나라에서 회냉면은 양념을 굉장히 많이 넣어 먹는데 북한에서는 회는 회 맛 그대로 살리고 국물과 면 맛도 그대로 살려서 두 가지 맛을 동시에 즐길 수 있게 해주는 게 특징 같습니다.

또 우리가 먹는 막국수는 동치미 육수에 메밀면을 말아 먹는 건데 원산 회냉면의 경우에는 막국수와 물냉면 그리고 회냉면을 절묘하게 섞어놓은 음식인 것 같아요. 만약 원산 회냉면이 원형이라고 한다면 우리가 먹는 회냉면이나 회막국수는 우리 입맛이나 편의에 따라 바뀌었다고 볼 수 있겠죠.

▌원산 회국수와 우리가 먹는 명태 회냉면은 어떻게 다른가요?

▌원산 회국수에 비해 우리가 먹는 명태 회냉면은 국물을 적게 넣죠. 원래는 국물을 자박하게 넣어서 회무침의 회 맛을 그대로 살렸는데, 시간이 지나면서 우리나라 사람들이 자극적인 맛에 길들여지

면서 회냉면의 맛도 더 강렬해진 것 같습니다. 국물을 많이 넣으면 강렬한 맛이 희석되니까 국물은 줄어들고 새콤달콤한 맛을 강조하기 위해 식초나 설탕을 많이 넣고요.

원산과 속초의 음식이 아직 많이 비슷한가요?

원산이나 속초나 동해를 끼고 있으니 공통된 식재료가 아직 많이 있을 거예요. 우리는 비록 명태를 잃어버렸지만 실향민들이 내려와서 다시 태어나게 해준 음식도 있고요. 저는 아직 공통점이 많다고 생각해요. 조금 변형되기는 했어도 원산 음식을 봐도 이질감이 그리 크지는 않은 것 같습니다.

감나무가
익어가는 마을

　햇살 가득한 가을 길을 차를 타고 달렸다. 원산시에서 차로 20여 분 속초 쪽으로 내려가다 보면 안변읍이 나온다. 옛날에 이 마을을 지나던 한 풍수가가 높은 산꼭대기에 올라 마을 지형지세를 살펴보더니 "이 마을이 길할 징조다"라고 말했다고 한다. 산줄기들이 꼬불꼬불하게 이어져 있어 길이 끊이지 않고 세 마을이 오목조목 들어앉은 모양이 길할 징조였다는 것이다. '편안할 안' 자에 '변두리 변' 자를 써서 안변(安邊)이라고 부르는데, 변방을 편안하게 한다는 뜻이 있다. 안변은 산으로 둘러싸여 있어 천연요새를 이루었기 때문에 그런 이름이 붙었다는 유래가 있다. 예로부터 안변은 기온이 온화해서 살기 좋은 고장으로 불렸다고 한다.

　안변은 강원도 북동부에 위치해 동해 연안과 맞닿아 있다. 마을을 둘러싼 산 너머로 바다가 보였다. 안변 남대천 하류 연안에는 충적평야가 있는데 면적이 100평방킬로미터, 즉 30리가 넘는다고 해서 '안변 삼십리벌'이라고도 한다.

안변 삼십리벌과 연관해, 안변에는 '벌거벗고 30리'라는 말이 있다. 옛날에 안변에 제일 큰 '맹산'이라는 지주가 있었는데 하루는 맹산이 이 풍요로운 가을날에 얼마나 농사가 잘 되었나 당나귀를 타고 자기 땅을 돌아보고 있었다. 그러다 더워서 웃통을 벗고 한 나무 밑에 누웠다가 바람결에 깜박 잠이 들었다. 바스락거리는 소리에 놀라서 깨어보니 쥐 한 마리가 벼 알을 물고 바스락대고 있었다. 그러자 맹산이 "이놈! 왜 내 이삭을 물었니?"라고 호통을 쳤다. 쥐가 도망을 가자 맹산은 웃통을 벗은 채로 쥐를 쫓아 논둑을 따라 30리를 달렸다. 그래서 벌거벗고 삼십 리라는 말이 생긴 것이다. 벼 이삭 한 알 잡겠다고 체면도 팽개치고 삼십 리를 달린 지주를 풍자한 이야기인 모양이다.

주홍빛으로 물든 안변 마을

가을이면 이 마을은 주홍빛으로 물든다. 가지가 휘어질 듯 하늘을 가득 메운 감나무들이 늘어서 있다. 주황색 감들은 파란 하늘과 보색을 이루며 마을을 경쾌하게 장식하고 있다.

마을 입구에 들어서자마자 대롱대롱 나무에 매달린 감들이 집집마다 지천이었다. 마치 주홍빛 전구로 장식한 듯한 거리와 집들로 마을은 축제 분위기였고 마침 아이들의 노랫소리가 들려왔다. 원산

▲ 가을이면 안변을 물들이는 감나무

유치원 아이들이 고운 감색 한복을 입고 남과 북의 제작진을 율동과 노래로 반겨줬다.

안변에서 감나무 농사를 짓게 된 것은 약 60년 전이다. 이곳은 바닷가 해안을 끼고 있는데 토질이 감이 자라기에 잘 맞는다고 한다. 우선 기온이 온화해서 10도 이상 되는 날이 190일 정도라고 한다. 날씨 변화가 별로 없으며 평균 기온은 10.5도다. 또 마을이 산으로 둘러싸여 있어서 바닷바람을 어느 정도 막아준다. 현재 안변에는 2만 5000그루 정도의 감나무가 있다고 한다.

우리 선조들은 감나무를 가리켜 '문무충효절(文武忠孝節)', 다섯 가지 덕목을 갖춘 나무라고 말했다. 감나무의 잎사귀가 넓어서 잎사귀에 글을 썼다고 해서 '문', 감나무 가지를 활로 만들어 썼다고 해서 '무'라고 한다. 또 다른 열매들은 겉과 속이 다른데 감은 겉이나 속이나 색깔이 똑같다고 해서 '충'이라 한다. 사과나 배는 딱딱해서 노인들이 먹기 힘든데 감은 말랑말랑하게 익어서 먹기 쉽기 때문에 '효'라고 한다. 마지막으로 잎사귀가 다 떨어져도 감은 떨어지지 않기 때문에 절개를 지키는 열매라고 해서 '절'이라고 한다.

이렇게 멋진 감을 그냥 보기만 하고 가기가 아쉬워서 안변의 한 농가를 찾았다. 이 집에 올해 감 풍년이 들었다고 한다. 이 집에는 감나무가 총 25그루가 있고 1년에 1톤의 감을 수확한다. 이 마을에서 감이 제일 많이 열리는 감나무에서는 6000~7000알이나 달린다고 한다. 안변의 감나무는 심은 지 4~5년이 지나야 열매가 달리기 시작하는데 잘 자란 나무는 100년 이상 열매를 맺는다고 한다.

10월 10일 전에 오면 온 마을이 더욱 울긋불긋한 감으로 장관이 펼쳐진다고 한다. 우리가 도착한 때는 10월 중순으로, 마을 주민들

▼마당에 걸어 말리는 감

▲ 기계로 감 깎는 소년

은 수확한 감을 꼬챙이에 꿰어 마당에 걸어 말리고 있었다. 우리에게도 익숙한 감 말리는 풍경이 펼쳐졌다. 우리는 먼저 감을 깎는 모습을 자세하게 카메라에 담았다. 마당에서는 소년이 감 깎는 기계로 감을 깎고 있었다. 이 집의 아들이다.

기계에 감을 놓고 손잡이를 돌려 껍질만 까내는 방식인데, 과도로 직접 깎는 것만큼 깔끔하게 껍질이 벗겨졌다. 감의 껍질을 벗긴 다음에는 사리나무에 줄줄이 엮어 처마에 걸어 말린다. 구슬처럼 엮인 감들이 여기저기 걸려 햇살을 반갑게 맞는다. 일주일이면 감이 꼬들꼬들해지는데 이때 눌러서 곶감 형태를 잡은 다음 다시 말린다.

감을 깎는 소년의 미소가 수줍게 반짝였다. 원산에서 속초 가는 길, 우리가 몰랐던 풍경이 있었다.

감으로 만드는 다양한 음식

큼직하고 먹음직스러운 감이 어떤 음식으로 재탄생하게 될지 궁금했다. 안변 감은 씨가 없는 것이 특징인데, 그만큼 만들어 먹는 음식 또한 특별하다. 주인아주머니가 안변에서만 맛볼 수 있다는, 감으로 만든 음식을 내왔다. 감수정과와 감경단이다.

우선 계피와 생강을 우려낸 물에 숙성된 곶감을 넣어 만든 감수정과를 맛보았다. 이곳 수정과는 안변의 감과 물을 사용해 직접 만들기 때문에 상큼하고 독특한 맛이 일품이다. 감수정과를 만드는 과정은 이렇다. 물과 계피, 편으로 썬 생강을 넣어 20분 정도 끓인다. 계피와 생강은 건져내고 꿀과 설탕가루를 넣어 다시 20분 동안 끓인다. 이것을 식혔다가 곶감을 넣어 먹는다. 보통 11월 초중순이 되어야 제대로 숙성된 마른 곶감이 된다. 아직 그 시기는 되지 않아서 무른 곶감을 넣은 수정과를 맛볼 수 있었다. 곶감이 들어 있고 잣도 동동 떠 있다. 계피 향과 생강 향, 곶감 향까지 은은하고 한 모금 마시니 목이 싸하게 열리는 기분이다.

안변이 아닌 다른 지역에서도 수정과를 만들긴 한다. 그러나 안변 수정과가 다른 점은 안변에서 나온 감과 안변의 맑은 물을 쓴다는 것. 그래서 상큼한 맛이 있고 독특한 풍미를 지녔다고 한다. 이 집에서는 수정과를 자주 해 먹는데, 계피랑 생강이 들어가 아이들 기관지에도 좋고 감기 걸리기 쉬운 환절기에도 좋기 때문이란다.

감수정과와 함께 맛본 음식은 안변 지방에서 주로 명절에 먹는 감경단이다. 이곳에서는 감으로 여러 가지 떡을 해 먹는데 그중 하

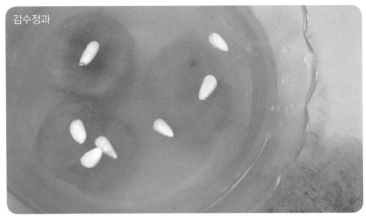

감수정과

감경단

곶감을 넣은 감수정과와
감즙을 넣어 빚은 감경단.
안변에서는 감으로 다양한 음식을 만들어 먹는다.

나가 바로 감경단이다. 말 그대로 감을 넣어 둥글게 만들었다고 해서 감경단이라고 부르며, 안변에서 나는 감과 쌀가루, 꿀, 잣으로 만든 떡의 한 종류다. 감은 껍질을 벗겨 즙을 내고 찹쌀가루와 쌀가루를 뜨거운 물에 반죽한다. 감즙에 쌀가루 반죽을 입히고 동그랗게 빚어서 물에 삶아낸 다음 꿀에 담그고 잣가루에 굴려주면 완성이다. 색깔이 곱고 고소한 잣과 달콤한 꿀의 조화가 좋다. 눈도 즐겁고 입도 즐거운 음식이다.

감경단과 수정과 외에도 안변에서는 감을 다양한 방식으로 먹는다. 감떡을 만들기도 하고 감밥, 곶감밥 등을 만들기도 한다. 감잎으로 차를 끓이기도 한단다. 감잎차는 피로에도 좋고 혈압이 높은 사람에게도 좋다고 한다. 감의 활용도가 이렇게 높다니, 새삼 놀라웠다. 주어진 자연에 인간의 창의력과 생존력이 더해져 음식 문화는 더욱 풍부해진다.

달콤한 감수정과와 입안에서 사르르 녹는 감경단까지, 멋스러운 음식을 먹으며 계절을 느꼈다. 감 익는 마을, 안변의 햇살 아래 감과 함께 가을의 맛도 깊어간다.

원산항의 하얀 배

북한 동부에서 가장 큰 항구, 원산항은 파도가 적고 수심이 깊으며 아침과 저녁의 수심 차이가 크지 않아서 배가 정박하기 좋다고 한다. 하늘이 유난히 푸른 날, 원산항으로 나가니 잔잔한 바다를 배경으로 하얀 배 한 척이 정박해 있었다. 이 배는 바로 우리가 살펴볼 9700톤의 화물여객선 만경봉 92호다.

2018년 강원도에서 열린 평창 동계올림픽은 겨울처럼 꽁꽁 얼어붙었던 남북관계의 전환점이 되었다. 바로 그 평창올림픽을 맞아 강원도에 온 배가 만경봉 92호였다. 평창올림픽을 기념해 북한 예술단과 남북 합동 공연이 두 차례 열렸는데 만경봉 92호에는 강원도와 서울에서 공연할 북한 예술단이 탑승해, 동해시 묵호항에서 5일간 머물렀다.

▲ 원산항에 정박해 있는 만경봉·92호

2002 아시안게임 당시에도 북한 응원단을 싣고 남한에 왔으며, 북한 응원단의 숙소로 이용됐다.

만경봉 92호 전에 만경봉호가 있었다. 만경봉은 평양 대동강가에 있는 산 이름이다. 만경봉호는 1950년대 후반부터 원산항에서 일본의 니가타항을 오가는 여객선이었다. 만경봉호가 노후화되자 북한은 1992년 만경봉 92호를 만들었다.

"1992년 5월 30일부터 2006년 7월 6일까지 여객 13만 명 정도와 화물 10만 톤 이상을 운반했습니다."

만경봉 92호의 장동진 선장은 총 327항차 운항했다고 설명했다. 원산항에서 니가타항까지 거리는 570마일, 시간은 26시간이 걸렸다고 한다. 그러다 2006년 7월 북한이 장거리 미사일 시험을 강행하자 일본은 만경봉 92호의 입항을 금지시켰다. 그랬던 만경봉 92

▲ 만경봉·92호를 타고 남한에 온 북한 예술단

호가 2018년 2월 평창 동계올림픽을 맞아 북한 예술단을 태우고 남한에 온 것이다.

통상 500톤 이상 되는 외국 국적 선박은 도선사가 반드시 승선해서 접안한 다음 입항하도록 되어 있다. 만경봉호 92호 역시 그 절차에 따라 도선사 김상래 씨가 승선해서 묵호항 32번석에 접안을 했다. 김상래 씨는 그때의 만경봉 92호를 잘 기억하고 있었다.

"배 객실에는 유리문이 있는데 거길 통해서 사람들이 바깥을 내다보는 게 보였어요."

김상래 씨가 만경봉 92호에 오르자 배에 타고 있던 북한 사람들이 김상래 씨에게 먼저 손을 내밀어 잡아주었다. 통상적으로 외국국적의 배와는 영어로 된 용어를 사용하지만 영어 대신 우리말로 조타 지시를 했다고 한다.

처음 공개된 만경봉 92호의 객실

만경봉 92호의 장동진 선장은 언제든 배를 띄울 수 있게 출항 준비를 갖추고 있다고 강조했다. 현재는 선장 한 명과 선원 63명이 있다. 총 승선 인원은 240명이라 침대도 240개가 있다. 그 외에 사람들을 수용할 수 있는 방이 몇 개 있어서 최대 300명 이상을 태울 수 있다고 한다. 평창올림픽으로 남한에 왔을 때도 만경봉 92호의 내부는 공개되지 않았었다. 원산을 찾은 제작진은 배에 올라 그 내부를 방송 최초로 공개할 수 있었다.

▼ 일반객실의 모습과 그 벽에 쓰인 낙서

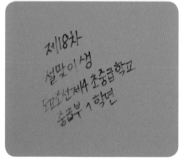

베일에 싸인 객실로 들어가 보니 깔끔한 공간에 소파와 TV, 침대가 놓여 있었다. 두 명이 사용할 수 있는 특실이었다. 일반객실은 이층 침대로 빼곡하다. 평창올림픽 당시 예술단원들은 일반객실에서 묵었던 것으로 보인다. 한 이층 침대 옆 벽에 쓰인 낙서가 눈에 띄었다.

'제18차 설맞이생 도꾜조선 제4초중급학교 중급부 1학년'.

일본에 살던 북한 출신의 소녀가 배에 남긴 자기소개서인 듯하다. 일본과 북한 사이를 오갔던 배의 역사가 벽 한 구석에 수줍은 소녀의 글씨로 남아 있었다.

만경봉 92호를 둘러보는 사이 원산항에 다시 밤이 내리기 시작했다. 같은 시각 속초에도 밤이 내리기 시작한다.

실향의 아픔이 문화 공간으로

강원도의 두 도시, 속초와 원산은 낮과 밤이라는 시간도, 항구라는 공간도 닮아 있다. 하루 속에 낮과 밤이 공존하듯 과거와 현재를 함께 간직한 공간이 있다.

속초에 있는 칠성조선소. 예전에 만들어진 나무배와 낡은 기계가 가득하지만 조선소는 아니다. 이곳을 지키는 이는 실향민의 후예다. 최윤성 씨의 할아버지는 원산 출신으로 배를 만드는 목수였고 원산에서도 조선소 일을 했다. 속초로 피란 온 후 1952년에 원산조선소를 열었다. 속초에서 원산 이름을 가진 조선소를 열었으니 '속초'와 '원산'이 한 공간에서 만난 것이다. 동해안에 물고기가 지천이던 시절, 어선 주문이 많아 기계가 쉴 틈이 없었다고 한다. 조선소는 일터인 동시에 가족이 살던 집이기도 했다. 일과 생활이 집약된 공간이었던 것이다.

세월이 흐르면서 어획량이 줄어들기 시작했고 목선을 찾는 이들도 사라졌다. 원산조선소도 문을 닫을 위기에 처했다. 그러나 최윤성 씨는 할아버지 때부터 지켜온 터전을 포기하기가 쉽지 않았다. 그에게는 이곳이 어린 시절의 놀이터이기도 했다. 가족의 추억과 애정이 담긴 공간을 지키고 싶다는 바람으로 이곳을 지금의 칠성

실향민 할아버지가 운영하던 원산조선소는
세월이 지나 문을 닫을 위기에 처했었지만
손자의 손을 거쳐 문화공간으로 탈바꿈했다.

조선소로 변화시켰다. 조선소 한쪽에는 '살롱'이라는 이름의 카페를 만들었다. 또 배를 수리하던 작업 공간은 '뮤지엄'이라는 이름을 붙여 조선소에서 쓰던 기계나 공구를 전시해놓았다. 때로는 공연이나 영화제가 열리는 문화공간으로 이곳은 탈바꿈했다.

그러나 배를 만드는 조선소의 기능을 완전히 잃은 것은 아니다. 다만 예전의 어선이 아닌 다른 배를 만들기 시작했다. 카누와 카약을 만들고 서핏보드도 제작한다. 이 배들은 이제 청초호 위에서 어부 대신 관광객들을 태운다. 칠성조선소를 이어받은 부부의 새로운 시도로 배를 만들던 공간이 추억을 만드는 공간으로 변화했다.

어획량 국내 2위였던 항구에서 한 해 관광객 1500만 명이 찾는 휴양지가 된 속초. 목선을 만들던 원산조선소도 달라진 속초에 맞는 변화를 만들어가고 있다.

목수였던 할아버지가 만선을 꿈꾸며 어선을 만들던 바로 그 공간에서 손자는 할아버지를 기억하며 속초의 어제와 오늘을 기록하는 공간을 만들고 있다. '북양'이라는 이름이 붙은 배가 보였다.

"할아버지가 북한에서 가지고 계시던 배 이름이 '북양호'였다고 하더라고요."

손자는 할아버지의 북양호를 새로이 만들어내고 있다. 실향의 아픔은 새로운 문화공간으로 바뀌었고 그곳은 이제 공감의 즐거움으로 채워지고 있다.

속초에서 원산을 향해 한 걸음 올라가봤다. 얼마 가지 못해 길은 비무장 안전지대로 들어섰다. 우리는 막혀 있는 길을 만났다. 예전에는 금강산 옛길이었다는 이곳. 막힌 길 끝에 표지판이 하나 보인다. 금강산 가는 길. 하지만 지금 이곳은 길이 아니다. 철조망 너머로 노루며 멧돼지, 새 같은 동물들만이 자유롭게 오가고 있다. 두 도시, 속초와 원산을 오갈 수 있는 날은 언제일까. 사람들이 오고가면 길이 생기고 길에서 역사가 만들어진다. 끊겨 있는 길에 다시 사람들이 오갈 그날이 올까.

우리는 속초와 원산에서 동해가 주는 선물, 그 바다의 맛과 멋을 보았다. 북한 강원도에는 미처 몰랐던 풍경이 있었고 남한 강원도에는 기억해야 할 실향의 아픔이 있었다. 지금은 가로막혀 갈 수 없지만 동해의 해가 함께 돋는 속초와 원산은 아름다운 동해와 산으로 이어져 있었다. 속초와 원산에 나란히 해가 지면 항구의 불빛도 나란히 반짝인다. 언젠가 닫힌 문을 열고 다시 이어질 강원도의 두 도시 속초와 원산을 꿈꿔 본다.

속초

원산

동해에 밤이 찾아오면
속초와 원산에도 어둠이 깔린다.
나란히 밤을 맞은 두 도시에
불빛만이 밤을 밝힌다.

◆ 원산을 그리워한 화가 이중섭 ◆

한국인이 가장 사랑하는 화가, 한국 근대미술의 거장 이중섭 (1916~1956)은 평안남도 평원에서 지주의 둘째아들로 태어났다. 어릴 때부터 그림에 관심이 많았던 그는 일본으로 유학을 가 본격적인 미술 공부를 시작했다. 학교를 졸업한 후 이중섭은 일본 유학 시절 만난 후배 야마모토 마사코(山本方子)와 원산에서 가정을 꾸렸다. 그는 마사코에게 '이남덕(李南德)'이라는 한국 이름을 지어주었다. '남쪽에서 온 덕이 많은 여자'라는 뜻이다. 원산에서 살면서 큰아들인 이태현 씨와 두 살 터울인 이태성 씨가 태어난다.

▼ 화가 이중섭

원산에서 비교적 유복한 생활을 하던 이중섭은 원산사범학교 교원으로 있다가 6·25 전쟁 때 월남했다. 그 후 부산, 제주 등지를 전전하며 그림을 그렸지만 생활고에 시달리던 부인은 두 아들과 함께 1952년 일본으로 떠난다. 홀로 남은 이중섭은 몸과 마음이 쇠약해지고 조현병 증세까지 보이다가 1956년 세상을 떠났다.

▲ 이중섭과 이남덕의 전통 혼례식 사진

　이중섭은 역사가 된 지 오래이지만 부인 이남덕은 현재를 살고 있다. 결혼 기간 중 이남덕과 이중섭이 함께 살았던 것은 원산에서의 7년이고, 그들이 가장 행복했던 시절이다. 제작진은 이남덕 씨를 만나기 위해 일본의 자택을 찾았다. 이중섭의 둘째 아들인 이태성 씨가 먼저 제작진을 맞았다. 그의 대리인 역할을 하고 있는 쓰지모토 다카유키 씨가 동행했다. 이남덕 씨는 1921년생으로 100세를 코앞에 두고 있었다.

　이남덕 씨의 집 안에 들어서 우리 눈길을 가장 먼저 사로잡은 것은 결혼사진이었다. 1945년 5월 원산에서 올린 부부의 전통 혼례식 사진이 액자에 곱게 들어 있었다. 빛바랜 흑백사진 속에는 사모관대, 족두리를 쓴 신랑 신부가 정면을 바라보고 있었다.

▲ 이중섭이 부인 이남덕을 모델로 그린 그림

　이남덕 씨가 기억하는 원산에서의 추억은 어떤 모습이었을까. 제작진은 그녀의 이야기를 들어보았다.

| 원산에 대해서 기억에 남는 것이 있습니까?
| 글쎄요. 어머니가 집을 사주셨어요. 정원이 딸린 집을. 그래서 한동안은 편안히 살았지요.

| 바다가 보였습니까?
| 물론 보였습니다.

원산에서의 생활은 재미있으셨어요?

네. 미군이 폭탄을 떨어뜨리곤 했지만 그래도…….

원산에 있을 때 주로 어디로 데이트를 가졌어요?

원산에는 바다도 있고 산도 있으니까요. 소나무 숲에도 갔어요.

해안가에서 데이트를 하면서 선생님이 그림도 그리셨어요?

네, 맞습니다. 그림을 그렸어요.

그럼 마사코 씨는 가만히 보고 계셨어요?

네, 그렇습니다. 모델도 하고.

바닷가에서 선생님 그림의 모델이 되셨어요?

모델이 된 적도 있습니다. 나쁜 기억은 한 번도 없었어.

선생님과 함께 있으면서 나쁜 기억은 한 번도 없었다고요?

그런 기억은 없었어요.

2장

금강과 설악

천하절경을 자랑하는 금강산은
산 경치와 바다 경치, 호수 경치를 모두 품고 있다.
금강산의 깎아지른 층암절벽과 갖가지 형태로 펼쳐지는
기암괴석을 보면 같은 백두대간의 한 줄기인 설악산의
계곡과 폭포, 암석의 모습이 겹쳐진다.
금강산의 상팔담을 흐르는 물은 구룡폭포와 구룡연을 거쳐
옥류동 계곡을 지나 동해의 해금강으로 간다.
설악산의 토왕성 폭포에서 떨어진 맑은 물도 동해로 흐른다.
그렇게 두 산의 물줄기는 오래전부터 동해에서 만나고 있다.

금강산
가는 길

    백두대간의 중심에는 강원도의 두 명산 금강과 설악이 있다. 1998년 11월에 금강산으로 향하는 금강호가 출항했다. 그렇게 시작된 금강산 관광은 2008년에 중단되었다. 2005년까지 누적 관광객 100만 명을 기록하며 수많은 사람이 찾았던 금강산은 이제 갈 수 없는 산이 되었다.

    금강산 관광이 중단된 지 10년 후인 2018년 가을에 우리 제작진은 그 금강산을 보기 위해 원산을 떠나 금강산으로 향했다. 원산에서 금강산까지 약 100킬로미터, 차로 1시간이면 갈 수 있다. 차창 밖으로 강원도의 산과 바다가 보인다.

    금강산은 계절에 따라 이름을 달리 부른다. 새싹이 돋아나고 백화가 만발하는 봄철의 금강산은 일곱 가지 보석 가운데 가장 아름

▲ 계절에 따라 풍경이 달라져 이름도 달리 부르는 금강산

다운 금강석에 비유해 금강산이라고 한다. 녹음이 우거지고 흰 구름과 안개가 감도는 여름철의 금강산은 마치 신선과 선녀가 사는 산 같다고 해서 '쑥 봉' 자와 '쑥 래' 자를 써서 봉래산이라고 한다. 산이 타듯 골이 타듯 단풍이 붉게 타는 가을철의 금강산은 풍악산, 단풍이 우수수 떨어지고 나뭇가지에 뼈만 앙상히 남은 금강산은 개골산이라고 한다. 백의민족의 상징인 듯 온 산이 흰 눈으로 덮인 겨울철의 금강산은 철봉산이라고 한다. 이렇게 다섯 가지 이름으로 불리고 있다.

북한에서는 금강산을 세계유산으로 등록하기 위한 사업이 진행되었고 2018년 7월 25일에 생물권 보전지역에 등록되었다. '금강산 생물권 보호구'라는 안내판이 11월에 세워졌다. 우리가 찾은 시기는 가을로, 계절마다 얼굴을 바꾸는 금강산 중에서도 가장 아름답다는 풍악산을 보게 될 것이다.

외금강호텔에서의 첫날 밤

우리에게도 낯익은 지명 '고성'이 28킬로미터 남았다는 표지판이 나왔다. 금강산 아래에 펼쳐진 마을을 지나 제작진이 지낼 숙소에 먼저 도착했다. 제작진이 짐을 풀 곳은 외금강호텔이다.

그런데 호텔 이름이 낯설지 않다. 외금강호텔은 현대아산에서 금강산 관광을 진행할 당시 지은 숙소다. 또한 2018년 여름 남과 북의 이산가족이 상봉의 기쁨과 이별의 아픔을 나누었던 곳이 바로 이 호텔이다.

▲ 호텔 창밖으로 보이는 금강산

　호텔 외관이나 실내는 우리나라 호텔과 다를 바 없었다. 호텔로 들어서는 제작진에게 외국인 관광객들이 반갑게 인사를 건넸다. 외국인들은 여행사를 통해 북한 관광을 할 수 있다. 우리가 만난 외국인들도 여행상품을 통해 평양을 거쳐 금강산에 온 것이었다. 주로 고려투어를 통해 관광하는데 짧게는 3일, 길게는 일주일까지 평양, 개성, 백두산 등 북한 주요 관광지를 돌아보는 코스다.

　제작진은 안내 데스크에서 2등실을 달라고 했다. 방으로 들어가니 삼성 에어컨과 텔레비전 등 우리나라 제품들로 채워진 점이 눈길을 끌었다. 남과 북의 이산가족도 같은 객실에서 지냈을 텐데 당시에는 객실이 공개되지 않았다.

　직접 보니 역시 여느 호텔과 다르지 않은 방이지만 전망만은 기대가 되었다. 설레는 마음으로 커튼을 젖히자 기대했던 대로 금강산이 한눈에 들어왔다. 이산가족들도 이곳에서 금강산을 바라보며 그리움을 미처 다 꺼내보지도 못한 채 또다시 짐을 싸야 했을 것이다. 그 말 못할 감정들이 공기를 무겁게 채우고 있는 것만 같다.

금강산을 코앞에 두고 금강산에서 나온 잣으로 만든 요리로 요기를 했다. 잣죽과 잣강정이다. 옛날부터 잣은 맛과 향이 좋아서 신선들이 먹는 음식이라고 했다. 금강산에서 나는 잣과 물로 만든 요리를 먹으니 신선이 된 것 같다는 농담을 하며 산행에 대한 기대로 들떴다.

다음 날, 아침 일찍 서둘러 차를 나눠 타고 길을 출발했다. 금강산 출입 승인증을 차에 붙이고 금강산으로 향하는 길, 차창 밖으로 울타리가 쳐 있고 그 너머로 들판이 펼쳐졌다. 입구부터 금강산의 가을이 느껴졌다. 금강산은 태백산 줄기 북부에 위치하고 있으며 행정구역상으로는 강원도 고성군과 금강군, 통천군에 걸쳐 있다. 금강산의 동서 길이는 40킬로미터, 남북 길이는 60킬로미터, 면적은 1400평방킬로미터다. 또 정상인 비로봉의 높이는 해발 1639미터에 이른다.

▼ 안내원과 함께한 금강산 등산

처음 가는 산행이니만큼 안내자가 필요했다. 금강산에 갈 때는 좋은 날씨만큼 좋은 안내원을 만나는 것이 중요하다는 말이 있다. 그만큼 금강산 안내원의 역할이 중요한데, 이들은 해박한 지식을 바탕으로 금강산 역사나 유래 등에 대해 거침없는 설명을 풀어놓는다. 금강산 관광안내소에서 3년째 일하고 있는 장옥선 안내원이 우리를 안내해주기로 했다. 장옥선 안내원은 2018년 11월에 열린 금강산 관광 20주년 기념식에서 안내를 맡기도 했다.

삼록수와 금강문

우거진 나무숲 속, 멀리 보이는 계곡 물소리를 들으며 산길을 따라 걸었다. 붉은 낙엽이 카펫처럼 깔린 길이 우리를 환영하는 듯했다. 곱게 물든 단풍 밑으로 놀랍도록 투명한 계곡물이 보였다. 그림에서나 가능할 줄 알았던 물 색깔이 현실로 나타났다. 금강산에는 물이 너무나 맑아서 미생물조차 없기 때문에 물고기가 자라지 않는다고 한다. 그냥 떠 마셔도 아무 탈이 없는 물. 그런데 진짜로 마시는 물인 삼록수가 바로 나타났다. 금강산의 약수다. 바위에는 산삼과 사슴 부조가 새겨져 있

▼ 산삼과 녹용이 녹아 흐른다는 삼록수

다. 이 물에 산삼과 녹용이 녹아 흐른다고 해서 삼록수라고 부른단다. 조롱바가지에 물을 떠서 마셔보았다. 안내원은 "이 물 한 모금에 10년씩 젊어지는 물입니다"라고 너스레를 떨었다. 정말 그렇기야 하겠냐마는 젊어진다는 말에 물이 더 달게 느껴진다.

곧이어 금강산 8대 돌문 중 하나인 금강문에 다다랐다. 이 문을 지나야 비로소 '금강산 맛'이 난다고 한다. 두 개의 거대한 바위가 서로 기대어 서 있고 그 사이에 작은 틈이 있는데, 그 틈이 바로 금강문이다. 말하자면 자연 돌문인 셈이다. 문틈 사이로 돌계단과 난간까지 세워져 있다. 산신령이 나타날 듯 신비롭고 웅장해 보인다.

금강산에는 금강문처럼 지역을 구분하는 기준이 있다고 한다. 금강산의 주봉인 비로봉을 중심으로 해서 외금강, 내금강, 해금강으로 나뉜다. 비로봉의 동쪽 지역은 산세가 뾰족뾰족 웅장하고 남성

▼ 두 바위가 기대어 생긴 금강문

적이라고 해서 '바깥 외' 자를 써서 외금강이라고 한다. 비로봉 서쪽의 내륙지역은 산세가 수려하고 얌전한 것이 여성적인 미를 나타낸다고 해서 '안 내' 자를 써서 내금강이라고 한다. 또 동쪽 바닷가 지역은 바다에 금강산이 솟아 있다는 의미에서 '바다 해' 자를 써서 해금강이라고 한다.

외금강은 다시 열한 개의 명승구역으로 나누고 내금강은 여덟 개, 해금강은 세 개의 명승구역으로 나눈다. 이렇게 금강산은 총 스물두 개의 명승구역으로 되어 있다.

금강산 하면 떠오르는 화가 겸재 정선의 〈금강전도〉를 보면 특히 외금강에 대해 더 잘 느낄 수 있다. 섬세한 서쪽 내금강은 흙빛으로, 웅장한 동쪽 외금강은 암석의 느낌을 살려 표현했다. 이 그림에서 금강산의 모습은 마치 한 송이 꽃처럼 보인다. 겸재는 〈금강전도〉, 〈금강내산전도〉 등 여러 점의 금강전도를 그렸다. 겸재는 금강산을 만나 자기만의 그림 세계를 구축했다고 평가받는다.

세계적인 명산은 많다. 그러나 금강산처럼 산 경치와 바다 경치, 호수 경치를 다 가진 산은 없다고 한다. 한국사 강사 최태성 씨는 금강산은 조선 사람들의 버킷리스트 같은 곳이었다고 말한다. 정말 꼭 한 번 가보고 싶은 곳 1순위는 금강산이었다는 것이다.

이런 일화도 있다. 정조 때 제주의 거상 김만덕이 기근에 빠진 제주도민들을 구해준 일이 있었다. 정조가 그 이야기를 듣고 김만덕의 소원이 무엇이냐 물었더니 딱 하나 금강산 구경을 가고 싶다고 했단다. 그러나 한 번 와서는 다 볼 수 없는 곳 또한 금강산이다.

▲ 내금강과 외금강을 표현한 정선의 〈금강전도〉

예로부터 '금강산에서는 돌이 만 가지 재주를 부리고 물이 천 가지 재롱을 피우며, 나무 또한 기특하니 천하 절경이 여기 다 모였다'는 말이 있었다. 금강산은 시간에 따라, 날씨에 따라, 또 계절에 따라 자기 모습을 달리하기 때문에 오늘 보는 경치와 내일 보는 경치가 또 다르다. 그러니 한낱 사람이 그 경치를 다 볼 수는 없다. 3년간 이곳에서 일한 장옥선 안내원도 금강산을 아직 다 보지 못했다고 한다.

예로부터 전설도 많고 노래도 많은 금강산의 아름다움은 10대 미와 10경으로 전해져오고 있다. 먼저 금강산의 10대 미는 첫째로 기세 있고 웅장하며 장엄한 산악미, 둘째로 물과 돌, 나무와 바위들이 조화를 이룬 계곡미, 셋째로 온화하고 아늑한 호수미, 넷째로 금강의 절경을 동해에 옮겨놓은 해양미, 다섯째로 금강산의 절경을 한눈에 담아보는 전망미, 여섯째로 울창한 수림과 특수식물을 볼 수 있는 수림미, 일곱째로 선조들의 슬기와 재주를 보여주는 건축조각미, 여덟째로 신비와 황홀, 감탄과 놀라움의 감정을 동시에 불러일으키는 감흥미, 아홉째로 아름다운 색의 집결체인 색채미, 마지막으로 금강산의 명물인 안개와 구름이 계곡을 감고 도는 풍운조화미를 들 수 있다.

금강산의 10경은 첫 번째는 비로봉에서의 해돋이, 두 번째는 구성동의 단풍, 세 번째는 만폭동의 물소리, 네 번째는 백운대의 안개와 구름, 다섯 번째는 만물상의 조각미, 여섯 번째는 구룡폭포의 생김새, 일곱 번째는 십이폭포의 높이, 여덟 번째는 총석정의 달맞이,

아홉 번째는 삼일포의 뱃놀이, 열 번째는 세전봉에서의 전망이다.

"돌아가시면 그냥 '금강산 보았다' 해야지, '금강산 다 보았다' 라고 하면 안 됩니다."

안내원의 당부에 절로 고개가 끄덕여졌다.

눈이 하얗게 쌓인 겨울의 금강산은
철봉산이라고 부른다.
철봉산은 눈이 쌓이지 않은 겨울의 개골산과는
다른 얼굴을 드러낸다.

◆최태성이 들려주는 금강산 이야기 ◆

최태성 한국사 강사는 금강산에 한 번 다녀온 적이 있다. 그때의 감상과 더불어 금강산에 얽힌 사람과 역사, 의미에 대해 이야기한다.

금강산 가보신 적이 있으세요?

금강산 관광이 열렸을 때 학생들이랑 다녀온 적이 있습니다. 신선대 쪽으로 해서 만물상 쪽은 돌아봤죠. 정말 잊지 못할 그림 같은 모습이었습니다. 절경이죠. 하루를 감탄으로 시작해서 감탄으로 마쳤던, 그런 기억밖에 나지 않아요.

기본적으로 물 색깔이 그림에나 나오는 색이 자연에 있을 거라고는 생각을 못 했어요. 도저히 어떤 물감으로도 표현하지 못할 정도로 자연이 만든 아름다운 색이더군요.

구룡폭포도 보셨어요?

네, 너무 멋있더라고요. 폭포에서 떨어져 내리는 물줄기가 동양화 한 폭을 보는 듯한 느낌이었습니다. 폭포가 굉장히 크고 거기서 떨어지는 수량도 엄청납니다. 웅장하고 장엄한 모습이 압권이었어요.

김홍도가 그린 구룡폭포는 어떻게 보셨나요?

김홍도가 구룡폭포를 그렸을 때 나이가 44세였습니다. 어명을 받고 갔으니 어떤 느낌을 담기보다는 직업화가로서 임금의 명에 충실하게 아주 사실적으로 구룡폭포를 담은 것 같아요. 있는 그대로 그려야 하기 때문에 아주 자세하게 그렸는데 그러다 보니 입체성은 좀 떨어지는 것 같아요.

그런데 김홍도가 50대가 되어 또 한 번 금강산에 갑니다. 그때 그린 그림은 또 달라요. 어명을 받고 그렸던 그림은 풀 한 포기도 있는 그대로 그려야 했다면 이때는 좀 더 과감한 생략을 하고 자신의 느낌을 마음껏 담아낸 것 같아요.

김홍도가 금강산에서 100여 점 정도 그림을 그렸다고 하는데 가는 곳곳마다 그림을 그린 것이죠. 직업화가로서 어명을 받았으니 관원의 도움을 받아가면서 금강산의 모습을 다 담으려고 애썼을 겁니다.

김홍도는 어떤 인물이었나요?

김홍도는 정조와 아주 밀접한 연관이 있는 인물입니다. 정조의 어진을 그리는 데 참여했던 사람인데 그때부터 정조가 눈여겨본 거죠. 그래서 정조가 자신이 원하는 그림을 그려오라고 명을 많이 내렸던 것 같습니다.

우리가 흔히 아는 김홍도의 풍속화들은 서민들의 모습을 담고 있는데요. 이건 정조가 서민들의 모습을 보고 싶어 했다는 이야기죠.

김홍도를 통해 당대를 살아가는 백성들의 모습을 볼 수 있었습니다. 우리가 이야기한 풍경화도 김홍도의 그림을 통해 볼 수 있었고요. 정조는 김홍도를 지방 수령으로 임명하기도 했는데요. 지방 수령이 되어 김홍도가 한 일은 그 지역의 산수나 인물을 그려서 왕에게 바치는 것이었습니다.

금강산과 설악산의 금강굴은 모두 불교에서 유래된 건가요?

그렇죠. 금강산이나 원효대사의 금강굴은 다 불교 용어와 관련이 있습니다. 한자 그대로 본다면 금강은 쇠 중에서 가장 강하다는 의미인데 이것은 일체의 번뇌를 깨뜨릴 수 있는, 제압할 수 있는 힘 정도로 해석하면 됩니다. 금강산은 계절마다 이름이 다르잖아요. 그중에서도 금강이라고 하는 불교 용어를 이름으로 채택했다는 건 그만큼 금강산이 불교와 밀접한 관련이 있다고 볼 수 있죠. 금강산 안에는 무려 8만여 개의 암자가 있다고 하는 걸 봐도 금강산은 불교의 성지 중의 성지입니다.

원효대사의 수행 경로도 알려져 있나요?

원효의 수행 경로는 너무 설이 많아서 무엇이 정확한지 알 순 없지만 기본적으로 설악산과 금강산에는 다녀간 것으로 보입니다. 두 산에 그에 관련된 이야기가 많이 남아 있기 때문이죠. 금강굴 외에 낙산사에도 원효와 의상의 전설이 많이 있고 그 외에 설악산에 있는 여러 사찰에는 원효나 의상에 관한 이야기가 남아 있습니다.

해금강은 가보셨어요?

못 가봤습니다. 통일전망대에서 봤죠. 사실 통일전망대에서 그렇게 북한이 가까이 보일 거라곤 생각을 못했어요. 해금강은 바다의 금강이라고 할 정도로 아름답죠. 일만 이천 봉의 끝자락이 있는 곳이기도 하고요. 이제 철책선 너머로 그저 바라볼 수밖에 없는 공간이 되었네요. 사람들이 자꾸 오가야 그게 길이 되고 길 속에서 역사가 만들어지는 것인데 안타깝다는 생각이 들었습니다. 끊어져 있는 그 길의 복원이 두 도시의 연결고리가 아닐까요?

금강산에 다시 간다면 무엇을 보고 싶으세요?

상팔담에 가보고 싶습니다. 상팔담에서 시작해서 구룡폭포의 물줄기가 흘러나오는 곳을 따라 쭉 한번 봤으면 좋겠어요. 왜냐하면 그 물줄기가 동해로 빠지거든요. 그쪽으로 돌면서 금강산의 절경을 다시 한번 느끼고 싶고 설악산과 연결해서 볼 수 있다면 더 좋겠습니다.

설악과
금강의 폭포

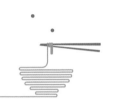

'금강산 찾아가자 일만 이천 봉'으로 시작하는 노래를 잘 알 것이다. 진짜 금강산 봉우리는 1만 2000개일까? 아직 세어본 사람은 한 명도 없다고 한다. 그와 관련해서 여러 가지 설이 많이 있는데 금강산 봉우리가 셀 수 없이 많다는 데서 1만 2000봉이라고 표현한 것이라는 설이 유력하다.

가을 금강산을 떠나 겨울 설악산을 만나러 갔다. 금강산 못지않게 설악산도 바위와 폭포와 계곡이 많다. 그래서 육담 최남선은 설악산을 가리켜 '골짜기에 감춰진 미인 같은 산'이라고 감탄했다. 설악산은 추석부터 눈으로 덮이기 시작해 다음 해 여름에야 녹는다. 그렇기 때문에 눈 덮인 산이라는 뜻으로 '눈 설' 자에 '큰산 악' 자를 써서 설악(雪岳)이라는 이름이 붙었다. 그 이름처럼 설악산은 가을도 아름답지만 겨울이 정말 아름다운 산이다.

토왕성폭포와 토왕골

설악산에서 가장 긴 폭포인 토왕성폭포 앞에 섰다. 폭포의 총 길이는 무려 320미터다. 신광폭포, 혹은 토왕폭이라고도 부르는 토왕성폭포는 설악산 중에서도 외설악, 그중에서도 토왕골에 위치해 있다. 노적봉을 비롯해 여러 봉우리가 병풍처럼 둘러싼 암벽 한가운데로 물줄기가 떨어지는 것이 마치 선녀가 흰 비단을 바위에 널어놓은 것 같다.

설악산 토왕골 절벽엔 아찔하게 매달린 사람들이 있다. 토왕골 노적봉 암벽을 오르는 산악인들이다. 겨울이 되면 토왕골은 산악인들의 빙벽 훈련장이 된다. 이곳에서 암벽을 타는 허영호 대장을 만

▼ 설악산에서 가장 긴 폭포인 토왕성폭포

났다. 그는 1987년 12월 한국인 최초로 겨울 에베레스트 등정에 성공했다. 그뿐 아니라 세계 최초로 7대륙 최고봉과 남극점, 북극점, 에베레스트 정상까지 3극 지점 등점에 성공한 한국 산악계의 전설이다. 허영호 대장과 함께 절벽에 매달린 두 사람이 더 있다. 산악인 신현대 씨와 정용기 씨가 이번 산행에 함께했다. 신현대 씨는 원래 가수이지만 세계 6위 봉, 초오유 단독 등정에 성공한 산악인이기도 했다. 또 다른 산악인 정용기 씨는 1996년부터 8개월간 금강산에서 안전구조요원으로 일했다. 이들이 산에서 만나 우정을 나눈 지 30년이 훌쩍 넘었다고 한다.

아무리 많은 산을 올랐어도 산 앞에선 늘 겸손해야 한다. 전문 산악인들이지만 깎아지른 수백 미터의 암벽을 오르는 일은 평균 나이 60세인 이들에게도 결코 쉽지 않은 도전이다. 하지만 한 번 산악인은 영원한 산악인! 모두 무사히 암벽을 올랐다.

노적봉 동쪽에 있는 소토왕골에서 잠시 휴식을 취하기로 했다. 소토왕골은 우리나라 산악인들의 요람과 같은 곳이다. 정면으로 동해가 보이고 오른쪽에 울산바위가 훤히 보인다. 울산바위에서는 봄부터 가을까지 암벽 등반을 많이 한다. 오늘 올라온 소토왕골에서도 여름이 되면 텐트를 치고 암벽 등반 연습을 한다. 허영호 대장에게 금강산에 간다면 가장 보고 싶고 가고 싶은 곳이 어디냐고 물었더니 비로봉에 오르고 싶고 절경으로 꼽히는 구룡폭포를 보고 싶다고 했다. 금강산이 개방되면 많은 산악인들이 암벽 등반이며 빙벽 등반을 하러 갈 것이라고 말하는 허영호 대장의 얼굴에 아쉬움이 묻어났다. 설악산의 계곡과 폭포, 암석의 모습을 보면 자연스럽게 금강산과 더불어 태백산맥의 한 줄기라는 것을 알 수 있다. 그만큼 두 산의 외형은 많이 닮아 있다.

금강산의 폭포와 연못

다시 금강산으로 가보자. 설악의 많은 산악인들이 보고 싶어 했던 금강산의 구룡폭포를 찾아갔다. 구룡폭포에 가려면 비로봉과 옥류폭포를 지나 더 높은 곳으로 향해야 한다. 금강산은 산이 높고 물이 맑아서 곳곳에 아름다운 폭포가 많다. 금강산의 4대 폭포로 구룡폭포, 비봉폭포, 옥영폭포, 십이폭포가 꼽힌다.

▼ 구룡폭포

▼ 구룡연

마침내 구룡폭포가 보였다. 단풍 든 나무들 사이로 돌을 타고 흐르는 하얀 물줄기. 정말 많은 사람이 저마다 폭포를 담으려고 바쁘게 카메라 셔터를 누르고 있었다. 높이 74미터, 너비 4미터의 웅장한 구룡폭포는 폭포의 수량도 엄청나다고 한다. 개성 박연폭포, 설악산 대승폭포와 함께 한반도 3대 폭포로 손꼽힌다는데 그 이유를 알 것 같다. 떨어지는 물줄기가 한 폭의 동양화를 보는 듯하다.

폭포가 떨어지는 작은 못은 구룡연이다. 구룡연의 웅장한 모습을 그리기 위해 수많은 화가가 이곳을 찾아왔다. 그 화가들 중에는 단원 김홍도도 있었다. 왕은 도성을 비울 수 없기 때문에 정조는 자신의 눈이라고 할 수 있는 도화서, 즉 그림 그리는 관청에서 근무하는 화원을 금강산에 보냈다. 금강산을 그림으로 그려오라고 명을 내린

▼ 김홍도가 그린 구룡연

것. 그때 금강산에 가서 그림과 기록을 남긴 화원이 바로 김홍도다. 김홍도는 44세에 금강산에 갔는데 100여 점의 그림을 그렸다고 전해진다. 가는 곳곳마다 그림을 그린 것이다. 김홍도는 금강산 여행을 하며 그린 100여 점의 그림을 바탕으로 화첩 다섯 권을 남겼다. 구룡연 그림도 여러 장이 전해지는데 그 그림 중 하나에 김홍도는 이렇게 적었다.

'골 안에 들어서면 기세에 눌려 뒷걸음질하며 정신을 빼앗긴다.'

구룡연의 위세는 그만큼 대단했다.

구룡연 구역에는 옥류동이라는 골짜기가 있다. 수정같이 맑은 물이 구슬이 되어 흘러내리는 골짜기라고 해서 옥류동(玉流洞)이라고 한다. 옥류동 골짜기에는 무대바위라고 해서 넓고 평평한 바위가 있다. 수많은 옛 시인들과 화가들이 이 무대바위 위에서 옥류동의

▼ 수정같이 맑은 물이 흐르는 옥류동

절경을 노래하고 그림을 그렸다고 한다.

우리는 무대바위에서 허기를 해결하기로 했다. 금강산도 식후경. 조선 시대에 양반들은 금강산 구경을 실컷 했지만 백성들은 먹고 사는 일에 짓눌려 금강산 구경은 엄두도 못 냈다고 한다. 거기서 금강산도 식후경이라는 말이 나왔다고 안내원은 설명했다.

제작진이 준비해온 도시락을 꺼냈다. 도시락을 북한 말로는 '곽밥'이라고 한다. 곽밥 안에 김밥이 가지런히 들어 있다. 금강산 김밥은 속재료도 우리와 비슷하다. 산나물, 도라지, 고사리, 버섯 등. 그중 금강산 백도라지가 눈에 띈다. 예로부터 '비로봉 밑에는 산삼이 나고 옥류동 골 안에는 백도라지일세'라고 했다. 그 정도로 옥류동 골은 백도라지로 유명하다. 배를 채웠으니 옥류폭포로 향했다. 50미터의 옥류폭포가 배 모양의 옥류담으로 흘러든다.

▼ 옥류폭포가 흘러드는 옥류암

옥류폭포를 지나 비봉폭포로 향했다. 비봉폭포는 금강산에 오면 꼭 봐야 할 만큼 대단한 경치라고 들었다. 비봉폭포에 도착하니 관광객들이 폭포를 향해 함성을 지르고 있었다. 비봉폭포는 길이 130미터가 넘는 금강산에서 가장 긴 폭포다. 폭포에서 시선을 위로 옮기면 봉우리 최정상에 봉황처럼 생긴 바위가 서 있다. 폭포수가 일으키는 물안개가 마치 봉황새가 나래를 펴고 하늘로 날아오르는 것 같다고 해서 비봉폭포라고 한다. 봉황새가 날아가며

▲ 비봉폭포, 그리고 꼭대기에 있는 봉황처럼 생긴 바위

날리는 깃털이 바로 비봉폭포의 물줄기라고 한다. 험준한 기암절벽을 따라 가는 물줄기가 굽이치며 내려온다.

구룡연을 넘어 좀 더 높은 곳의 절경을 찾아갔다. 산길을 가다가 남녀 관광객이 보여서 말을 걸었다. 평양에서 온 남성은 50년 살면서 처음 온 금강산이라고 한다. 처음 온 게 후회된다는 남성의 말처럼 단풍이 곱게 든 금강산은 아름답다. 짙은 운무에 잠긴 금강산. 사람들은 모여드는데 봐야 할 금강의 비경은 안개 속에 갇혀 있다.

▲ '선녀와 나무꾼' 전설의 배경인 상팔담

기다림 끝에 드디어 우리가 기다리던 풍경이 모습을 드러냈다. 여덟 개의 연못이 마치 푸른 비취 목걸이처럼 줄지어 있는 상팔담(上八潭). 선녀가 목욕을 하다가 나무꾼을 만났다는 '선녀와 나무꾼' 전설의 배경이기도 하다. 왜 이곳에서 전설이 탄생했는지 알 만한 신비경이 펼쳐졌다. 안개가 절벽을 휘감으며 피어오르고 소나무와 단풍나무들이 바위벼랑을 곱게 수놓았다. 옥빛 연못으로 흐르는 물소리조차 영롱하게 들린다. 그럼 여덟 개의 연못을 흐른 물은 어디로 갈까? 바로 구룡폭포가 된다. 구룡폭포에서 구룡연으로 흐른 물은 옥류동 계곡을 지나 동해의 해금강으로 간다. 설악산의 맑은 물도 이렇게 동해로 흐를 것이다. 그렇게 두 산의 물은 오래전부터 동해에서 만나왔을지 모른다.

◆ 용의 아홉 가지 조화, 구룡연 ◆

구룡연이라는 이름에 얽힌 전설이 있다. 옛날에 정학이라는 유명한 학자가 금강산 구경을 오게 되었다. 그는 금강산에 가서 좋은 시를 쓰겠다고 다짐을 하고 왔는데 금강산을 돌아보며 아름답다고 감탄하면서도 어쩐지 시는 한 수도 짓지 못했다. 구경은 끝나가는데 시는 짓지 못했으니 안타까운 마음으로 그는 마지막 코스인 옥류동 계곡에 갔다.

그곳에 가니 식견 있어 보이는 한 노인이 정학을 반겼다. 이름난 학자가 왔다는 소문을 듣고 정학을 맞아주러 온 것이다. 정학이 노인에게 "이 골짜기 이름은 무엇입니까?"라고 물었더니 노인은 아직 이름이 없다고 했다. 둘은 함께 골짜기로 들어갔다.

그런데 구룡연(당시에는 이름 없는 연못) 가까이 갔을 때 갑자기 천둥소리가 들리더니 시커먼 구름이 하늘을 뒤덮었다. 정학은 잠깐 바위 밑에 피했다가 가자고 했지만 노인은 저것은 "자연의 조화이니 별일 없을 걸세"라고 하면서 발길을 재촉했다. 그런데 폭포가 보이는 곳에 이르자 거짓말처럼 하늘에 무지개가 걸리더니 흰 무명필이 그 무지개를 타고 하늘로 날아오르는 게 아닌가. 정학은 꿈을 꾸는 것 같았다. 그 광경은 마치 알지 못하는 괴물이 무지개를 걸어

놓고 그 뒤에서 조화를 부리는 것처럼 보였다.

하늘로 날아오르는 무명필을 응시하던 정학은 그만 자기가 깜박 속았다는 것을 알고 저도 모르게 "폭포다!" 하고 외쳤다. 산꼭대기에서 떨어지는 물기둥이 아름다운 무지개와 어울리는 광경을 그런 환상으로 착각한 것이다.

노인이 폭포를 보고 "저것을 무엇이라고 말하면 좋을까"라고 되뇌었다. 홀린 듯 바라보던 정학은 폭포 줄기가 마치 하늘로 날아오르는 용의 몸짓 같다며 용(龍)이라는 글자를 써 넣었으나 다음 글자가 생각나지 않았다. 그때 노인이 "저 용은 아홉 가지 조화를 부리네"라고 말했다. 우선 흰 물살이 용처럼 보이게 하는 것이 첫째 조화이고, 물 떨어지는 소리가 신비한 것이 둘째 조화, 돌개바람이 부는 것이 셋째 조화, 번개가 치고 비가 오는 것이 넷째 조화라고 했다. 그다음 조화도 줄줄이 이야기했다.

그러자 정학은 무릎을 탁 쳤다. 아홉 마리의 용이 있다고 해야 할 것이라며 정학은 용 자 앞에 아홉 구(九) 자를 써 넣었다. 쓰는 순서는 거꾸로 되었다 할지라도 구룡이 되었다. 노인도 폭포 이름이 좋다고 기뻐했다. 그리하여 폭포는 구룡폭포, 그 밑의 연못은 구룡연이 되었다. 정학은 천하 명승지에 이름을 달았으니 시 한 수를 짓는 것에 비할 바 못 된다며 가벼운 마음으로 금강산을 떠났다.

출처 : 문화콘텐츠닷컴

신계사와
금강굴

　구룡폭포 옆 암벽에는 한자로 '미륵불(彌勒佛)'이라는 세 글자가 새겨져 있다. 가장 큰 획의 길이는 13미터로 구룡연의 깊이와 같다고 한다. 글자가 새겨진 것은 1919년으로, 3·1운동 후 독립을 기원하는 마음으로 금강산의 한 절에서 새긴 것이다. 그 절을 찾아가봤다.

　소나무 숲을 지나면 만나게 되는 절, 바로 신계사다. 신계사의 주지인 진각 스님이 우릴 맞았다. 금강산에서 처음 만나는 스님이다.

　"'참 진' 자에 '깨달을 각' 자를 썼습니다."

　빨간 가사를 두른 진각 스님이 자신을 소개했다. 진각 스님은 표은사에서 득도를 한 뒤 2007년에 신계사가 복원되면서 이곳으로 왔다고 한다. 신계사는 금강산 4대 절 가운데 하나다. 외금강에 있는 유점사와 신계사, 내금강에 있는 장안사와 표은사가 4대 절로

▲ 구룡폭포 옆 바위에 새겨진 '미륵불'

꼽힌다. 장안사는 6·25 전쟁 때 불탔고 표은사도 일부는 불타서 현재 여섯 개의 건물이 남아 있다.

복원된 신계사

신계사가 지금 모습처럼 아름다운 절로 다시 태어나게 된 데에는 사연이 있다. 신계사는 삼국 시대인 519년에 처음 세워진 절이다. 1592년 임진왜란 때 건물들이 다 불탔고 1597년에 대부분 다시 세웠다. 법당 앞에 옛 신계사의 모습을 찍은 흑백사진이 서 있었다. 1597년에 세운 신계사의 모습을 찍은 사진인데 일본에 있던 것을 2001년에 찾아왔다고 한다. 당시에는 스물한 동의 건물이 있었고 그것이 보전되다가 1951년 6·25 전쟁 당시 또다시 불타버리고 만다.

▲ 옛 신계사의 모습을 담고 있는 사진

그 후로 2003년까지 건물 한 채 없이 빈 터만 남아 있었다. 그러다 2004년 남한의 대한불교조계종과 북한의 조선불교도연맹이 힘을 합쳐 신계사를 복원하기 시작했다. 남한의 대목수와 단청장이가 신계사를 찾아와 함께 복원을 시작해 2007년 10월에 공사를 마쳤다. 2018년은 신계사가 복원된 지 11년 되는 해다.

신계사는 남과 북이 힘을 합쳐 복원한 절이었다. 금강산 관광이 활성화되었을 때만 해도 신계사에 많은 남한 불자들과 스님들이 와서 행사를 했다고 한다. 신계사 복원행사도 많이 했는데 남북관계가 악화되면서 교류가 끊겼다.

그런데 신계사가 두 번이나 불타는 시련 속에서도 신계사삼층탑은 유일하게 그대로 남아 홀로 신계사 터를 지켰다. 불길 속에서 좀 그슬리거나 깨져나가긴 했지만 석탑은 옛 형태를 유지하고 있다.

▲ 신계사 앞에 서 있는 신계사삼층탑

신계사삼층탑은 통일신라 시대에 세운 높이 약 4미터의 3층 석탑이다. 아랫부분은 넓고 무겁고, 위로 갈수록 좁고 가벼워지는 석탑의 형태는 안정적이면서 높이 솟아오른 느낌을 준다. 석탑에는 조각도 무척 섬세하게 새겨져 있다.

복원한 건물들을 둘러보았다. 먼저 오실각에 갔다. '모실 오'를 써서 모신다는 뜻을 가진 이 건물은 왕을 모셨던 곳이다. 우리나라 역사에서 918년부터 1392년까지 고려 시대에는 불교가 국교였기에 나라의 왕도 부처님께 절하러 올 때가 있었다. 이때 백성들이 드나드는 건물에 같이 모실 수가 없어 따로 건물을 마련한 것이다.

그다음으로 가본 건물은 나한전이다. 불교에서 '나한(羅漢)'이라고 하면 대체로 부처님의 제자를 가리킨다. 이곳은 스님들을 보고 소원성취를 비는 법당이다. 바라는 소원을 다 원만히 풀어준다는 자비보살이 이곳에 있다.

절의 중앙에는 기본 법당인 대웅보전이 있고 그 뒤에 자그마한 칠성각이 있다. 칠성각은 산신각이라고도 한다. 이것은 토속종교에서 유래된 건물이다. 백성들이 믿을 데가 없을 때는 자연숭배를 많이 했기에 기본 불교 건물 뒤에 자그마하게 건물을 지었다. 그리고 이 건물은 자연숭배 또한 불교를 도와준다는 의미를 가졌다. 그래서 칠성각에는 불상이 없다.

축성조는 '빌 축'을 써서 말 그대로 비는 법당이다. 불문에서는 요만한 잘못도 범하지 말라고 가르친다. 그러나 만약 불문의 법도에 어긋나는 일을 했을 땐 축성전에 들어와서 죄를 씻는 것이다.

가장 끝에 있는 건물은 극락전이다. 불교에서는 최상 이상의 경지가 극락세계라고 한다. 극락전은 아미타부처와 관세음보살이 앉아 있다. 그 외에 신자들이 교리를 배우고 모임하는 장소, 스님들이 숙식하는 장소, 또 스님들이 공부를 하는 염불당도 있다.

모두 스물한 동의 건물 중에 열한 동의 건물만 다시 세웠고 부차적인 열 동의 건물은 복원하지 않았다. 신계사에 있던 옛날 종도 다 없어졌는데 2006년에 1톤짜리 종을 새로 만들었다. 스님은 의미가 깊은 종이라며 한번 울려보라고 권했다. 종을 세 번 쳐보았다. 웅장한 소리가 산중으로 퍼졌다.

금강굴에 깃든 불교의 흔적

금강산에 울려 퍼지는 종소리를 따라 다시 설악산으로 간다. 날렵한 물줄기가 이리저리 휘어 흐르는 이곳은 선녀가 날아갔다는 전설이 담긴 비선대. 이곳에서 고개를 들면 밑에서는 잘 보이지도 않을 만큼 까마득한 높이에 있는 금강굴이 보인다. 금강굴은 놀랍게도 자연적으로 만들어진 석굴이다. 설악에서 금강을 만나다니 신기하다. 신라 시대의 고승 원효대사가 이곳 금강굴에서 수행했다

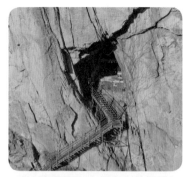

▲ 원효대사가 수행했다는 설악산 금강굴

고 한다. 금강굴 안에는 불상도 있다. 금강굴 가는 길은 너무나 아찔하고 험해서 금강굴에 들어가는 것 자체로 속세를 떠나는 기분이다. 설악산의 전경이 한눈에 보이고 마치 신선이 된 것 같은 기분이 드는 곳, 이곳에서 수행을 한 이유를 알 것 같다.

사실 '금강'이라는 이름 자체가 불교와 관련이 깊다. 금강이란 금속처럼 굳고 빛나는 것을 뜻하는 말이다. 금강산 역시 먼 곳에서 바라보면 바위벼랑들이 햇빛에 빛나는 것이 금으로 된 산 같다고 해서 금강산이라는 이름이 붙었다. 이는 또한《화엄경》에 나오는 '금강산'과 불교의 수호신인 금강역사와 관련된 것으로 본다. 금강산 안에는 무려 8만여 개의 암자가 있다고 한다. 금강산은 불교의 성지와 같다는 것을 알 수 있다. 또한 설악산의 금강굴도 불교의 흔적이라고 볼 수 있을 것이다. 그렇다면 설악산과 금강산이 불교와 관련이 깊은 이유는 뭘까?

사찰은 보통 산 깊숙한 곳에 들어가는데, 그렇다는 것은 높은 산으로 들어간다는 뜻이다. 왜 사찰은 높은 산으로 들어가려고 했을까? 불교가 처음 들어왔을 때만 해도 도심 한복판에 사찰이 들어왔었다. 그러다 조선 시대에 숭유억불 정책을 펼치기 시작하자, 정치적 외압을 피하면서 참선할 수 있는 곳이 필요했다. 때문에 사찰들이 산속으로 대거 이동하게 된 것이다. 알다시피 한반도의 지형은 동고서저라고 해서 동쪽이 높고 서쪽은 낮다. 한반도에서 높은 산이라고 하면 대표적으로 금강산과 설악산이 있다. 가장 높고 깊은 곳이면서 영험한 곳으로 금강산과 설악산이 꼽히다 보니 많은 사찰이 이곳으로 들어갔다.

또한 사찰들은 위대하고 유명한 승려를 필요로 했다. 그래야 사찰을 보호할 수 있었기 때문이다. 그래서 우리나라 사찰에는 원효나 의상의 흔적이 많이 남아 있다. 그중 원효는 수행 경로에 관한 설이 많지만 기본적으로 설악과 금강은 원효가 다녀간 것으로 본다. 금강굴 외에도 낙산사에 원효와 의상의 전설이 많고 설악산에 있는 여러 사찰에 원효의 이야기들이 전해지고 있다. 하나의 줄기로 이어진 두 산을 오갈 수 있던 시대에 설악과 금강은 불심으로 연결되어 있었다.

바다의 금강, 해금강

　해금강을 보지 않고서는 금강산의 미를 알지 못한다는 말이 있다. 바다와 접한 금강산의 아름다움을 볼 수 있는 곳이 바로 해금강이기 때문이다. 여기까지 왔는데 해금강을 보지 않고 돌아갈 수는 없는 노릇. '바다의 금강'이라 불리는 해금강으로 갔다. 해금강은 서해에 있는 몽금포와 구미포, 남해에 있는 다도해와 더불어 한반도의 4대 해안으로 불린다. 해금강이라는 이름은 17세기 말, 한 관리가 "바다가 금강의 얼굴을 닮았다"라고 해서 붙은 이름이다. 지금 해금강이 있는 자리는 원래는 육지였으나 3세기 말, 4세기 초에 걸쳐 육지가 서서히 내려앉으면서 바다를 이루었다.

　멀리 수평선이 보이고 수면 위에는 새들이 날아다녔다. 높은 파도가 기세 좋게 몰아치고 있지만 파도에 아랑곳하지 않고 바다 한

가운데는 바위들이 묵묵히 서 있다. 저 바위들이 얼마나 오랜 시간을 파도에 부딪치며 모습을 바꾸어왔을지 가늠조차 되지 않았다.

해금강의 다섯 가지 아름다움

"오늘 해금강 파도가 장쾌한 자기 모습을 드러낸 것 같습니다."

북한 안내원은 이 파도야말로 해금강의 첫째로 손꼽히는 아름다움이라고 설명했다. 누구나 쉽게 볼 수 있는 게 아니라는 말에 눈에 더 담고 기억하고 마음속에 꼭 저장하고 싶었다. 바다와 땅, 파도와 바위가 만나 만들어낸 천혜의 명승지 해금강. 기암절벽에 파도가 부딪치면 그야말로 장관을 이룬다.

해금강에는 다섯 가지 미가 있는데 첫 번째가 바다의 창파미, 즉 파도치는 모습이다. 두 번째 미는 물 위에 떠 있는 봉우리의 기암미, 세 번째 미는 봉우리에서 자라고 있는 소나무의 청송미다. 네 번째 미는 백사장의 금사미, 마지막 다섯 번째 미는 바다에 핀 해당화미다. 이렇게 오합미가 조화를 이룬다.

창파미만은 확실하게 눈에 담을 수 있었다. 바위 위로 부서지는 거센 파도를 더 가까이서 보기 위해 크고 작은 바위 위에 관광객들이 모여 있었다. 관광객들은 사진을 찍기도 하고 파도를 맞으며 함성을 지르기도 했다.

바위 위에서 사진을 찍는 두 여성이 보여서 인사를 했다. 두 사람은 평양에서 온 관광객으로 어느 사업소에서 봉사원으로 일하고 있다고 한다. 아버지와 함께 왔다는 학생도 보였다. 파도를 보고 감

창파미

기암미

청송미

금사미

▲ 해금강의 다섯 가지 아름다움으로 꼽는 창파미, 기암미, 청송미, 금사미 그리고 바다에 핀 해당화미

정이 북받쳐 오른다는 말이 인상적이었다.

해금강은 더운물과 찬물의 교차점이기 때문에 수산자원이 매우 풍부하다. 해금강 앞바다에서는 520여 종의 해산물이 잡히는데 고래, 상어를 비롯해 털게, 대합, 참굴 등 종류를 셀 수 없을 정도로 많이 잡힌다. 그중에서도 해금강 삼형제로 불리는 해삼, 전복, 성게는 모두 고급 어종이다. 해금강에 가면 고급 어종 삼형제를 직접 낚아서 맛보고 가야 해금강의 진미를 느낄 수 있다고 한다. 우리는 비록 낚시는 하지 못했지만 낚아서 바로 먹는 손맛까지 더해지면 짜릿함도 배가될 것 같다.

암벽과 바위섬, 호수와 모래사장이 어우러진 해금강에서 개방된 곳은 삼일포와 향로봉, 두 곳이다. 먼저 향로봉에 올랐다. 옛날에 바다에 나간 남자들이 돌아오지 않으면 아내들은 이 봉우리 위에 향불을 피워놓고 남편을 기다렸다고 한다. 그래서 향로봉이라는 이름이 붙었다. 향로봉에서 내려와 삼일포로 갔다. 삼일포 가는 길에 서 있는 비석에는 이런 문구가 쓰여 있었다.

'길이 빛나라 삼일포에 깃든 불멸의 자욱이여'

아름다운 호수, 삼일포

비석을 지나가자 안내원이 "지금 이 앞에 펼쳐진 호수가 바로 삼일포입니다"라고 하면서 호수를 가리켰다. 삼일포라고 해서 목포나 삼천포처럼 항구를 떠올렸는데 눈앞에 펼쳐진 것은 항구가 아니라 잔잔한 호수였다. 호수의 둘레가 8킬로미터, 물 깊이는 9미터

▲ 해금강에 있는 잔잔한 호수, 삼일포

부터 13미터까지 들어간다. 삼일포 호수는 봄, 여름, 가을에는 보트
장으로 이용하고 겨울에는 스케이트장으로 이용한다. 보트를 타고
호수 안으로 들어가면 다시 새로운 풍경이 펼쳐진다.

삼일포는 관동팔경의 하나로 이름이 났고 호수 풍경으로는 북한
에서도 으뜸가는 곳이라고 한다. 삼일포라는 이름의 유래도 재미있
다. 옛날에 어떤 왕이 이곳에서 하루만 놀다 가자고 왔다가 경치가
너무 아름다워서 3일을 묵어갔다고 해서 삼일포라고 불린다.

삼일포는 옛날에는 아름다운 해안마을이었다. 동해 융기운동
으로 인해 후천강의 모래가 점차 쌓이면서 바다 자리를 이루었다.
1920년대에 사람들이 후천강에 모래를 더 쌓으면서 지금은 담수양
어장으로 변했다. 원래 바다였는데 지금은 민물 호수로 바뀐 것이
다. 그래서 삼일포에는 잉어, 붕어, 황어, 백련어, 화련어를 비롯해

민물 물고기가 굉장히 많다. 특히 백련어는 보통 1미터 이상의 길이
에다 15킬로그램 이상 되는 것도 있다고 한다. 백련어를 잡으려고
낚싯대를 드리웠다가 오히려 백련어에 달려 물속에 빠질 수 있으니
조심하라며, 안내원이 농담인지 진담인지 모를 말을 덧붙였다.

　삼일포 입구에서 오른쪽 계단을 오르면 장군대에 도착한다. 이곳
에 서면 호수가 한눈에 굽어 보인다. 장군대에서 허궁다리를 건너
면 큰 바위 두 개가 보이고, 조금 더 오르면 봉래대가 있다. 봉래대
에서 아름다운 호수 풍경을 내려다봤다. 길쭉한 모양의 푸른 호수
가운데에는 작은 섬들이 있다.

　우선 소나무가 울창하게 자라고 있는 섬이 '와우(臥牛)섬'이다.
하늘에서 섬을 내려다보면 풀을 잔뜩 뜯어먹은 소가 누워 있는 모
습을 하고 있다 해서 '누울 와'에 '소 우'를 쓴 것이다. 와우섬은 옛

▼ 네 신선이 놀다 간 것을 기념하는 사선정

날에는 송도라고 불렀다. 송도라는 이름이 붙은 건 소나무가 많기 때문이라는 설도 있고 송이가 많이 자라기 때문이라는 설도 있다.

와우섬에는 설화도 전해 내려오고 있다. 신라 시대 네 명의 신선인 영랑, 술랑, 남랑, 안상이 아름다운 삼일포의 풍경에 반해 풍류를 즐기고 갔다고 한다. 고려 시대인 1326년 강릉의 무사 박숙종이 네 신선을 기념해 자그마한 전각을 세우고 '넉 사'에 '신선 선'을 써서 사선정(四仙亭)이라 불렀다. 그때 세운 최초의 전각은 어느 때인가 호수에서 사라지고 터만 남아 있었는데 1993년에 복원했다.

와우섬 서쪽에는 작은 바위섬이 하나 있다. 단서암이라는 섬인데 여러 개의 바위로 된 이 섬에는 소나무 몇 그루만이 자라고 있다. 사선정에 네 신선이 놀고 간 것을 기념해서 단서암의 한 바위에 '술랑도남석행(述郎徒南石行)'이라는 여섯 글자를 석 자씩 두 줄로 새겨놓았다. 그것이 웬일인지 붉은색을 띠었다고 한다. 그래서 '붉을 단', '글 서', '바위 암'을 써서 단서암(丹書巖)이라고 불렀다.

단서암을 보기 위해 수많은 양반 관리가 이곳을 찾아왔다. 그런데 그들의 시중을 들면서 시달리던 이곳 주민들이 돌로 글자를 짓찧고 바위를 물속에 처박았다고 한다. 그래서 지금 글자는 보이지 않는다. 물이 적은 가을철에는 글씨를 볼 수 있다는 말도 있다.

단서암에서 북동쪽으로 조금 가면 또 하나 작은 돌섬이 있다. 누에처럼 생긴 이 섬은 네 신선이 춤을 추고 노래를 부르고 간 곳이라고 해서 '춤출 무'에 '신선 선'을 써 무선대(舞仙臺)라고 부른다. 무선대를 지나 호수의 북서쪽 기슭으로 가면 백사장이 나오고 그 뒤로 잔디밭을 지나 소나무 숲이 펼쳐진다. 여기에는 몽천(夢泉)이라는 샘이 있는데 여기에도 전설이 있다. 몽천암이라는 절을 지을 때 우물이 없어 걱정하다가 꿈에서 백발노인이 가리킨 곳을 파서 얻은 샘물이라는 이야기가 전해 내려온다.

삼일포는 그리 큰 호수는 아니지만 여러 섬과 그에 깃든 전설들로 흥미로운 호수다. 먼 옛날의 어떤 왕이 하늘을 날려고 왔다가 이곳 경치가 너무 아름다워서 사람으로 남기로 했다는 전설도 있다. 다채로운 매력을 가진 삼일포를 다 느끼기엔 짧은 시간이 아쉬웠다. 대자연의 신비함을 '눈에 삼삼하게, 귀에 쟁쟁하게, 머릿속에 차곡차곡, 사진기에 가득가득' 담아가면 된다는 안내원의 말이 위로가 되었다.

만물상의 기묘한 바위들

 남한에서도 해금강을 볼 수 있는 곳이 있다. 바로 강원도에 있는
금강산 전망대. 금강산 끝자락이 보이고 건너편에 해금강이 보인
다. 이렇게 가까운 해금강을 우리는 너무 먼 땅으로 생각하고 있었
던 것은 아닐까. 해금강 바다 너머 해가 저문다. 설악에도 저녁이
찾아든다.

 산장으로 돌아가는 길에 귀면암을 발견했다. 귀신 얼굴을 한 바
위인 귀면암은 설악산에도, 금강산 만물상에도 있다. 금강의 만물
상은 외금강의 서편에 있는 기기묘묘한 암석들로 가득한 바위 절
벽인데, 만물상은 만 가지 물체의 물령들을 한 곳에 모아놓은 것 같
다고 해서 붙은 이름이다. 깎아지른 층암절벽과 파노라마 형태로
펼쳐진 기암괴석의 갖가지 형태는 참으로 놀라웠다.

온갖 물체를 닮은 바위들

금강산의 만물상 구역에서 가장 먼저 보이는 경치는 귀면암이다. 머리에 동그란 돌 하나를 이고 서 있는 바위 하나가 보이는데 그게 바로 귀면암이다.

"기묘하고 공교롭고 신통하게 귀신의 얼굴같이 생겼다고 해서 귀면암(鬼面巖)이라고 합니다."

안내원이 설명했다. 하도 기묘하고 귀신의 얼굴같이 생겼다고 해서 '귀신 귀'에 '얼굴 면'을 쓴 이름이 붙은 것이다. 어느 시인은 귀면암을 두고 이런 시를 읊었다고 한다.

'볼수록 묘하게 생긴 귀면암, 만물상의 초병인가, 삼선암의 길동무인가. 언제부터 그 자세로 사람의 심장을 틀어잡으며 금강산의 명물로 솟아났나.'

▼ 금강산(좌)에도, 설악산(우)에도 있는 귀면암

그러고 보니 귀면암 옆에는 삼선암이 있다. 세 명의 신선이 바위로 굳어졌다고 해서 삼선암이라고 한다.

　만물상 코스의 묘미는 이처럼 만물의 모습을 닮은 바위와 봉우리를 보는 데 있다. 만물상은 겨울이 되면 가을과는 또 다른 멋을 드러낸다. 가을에서 겨울로 한 계절이 지난 후 2018년 12월 우리는 다시 금강산을 찾았다. 더 두꺼운 옷을 입은 장옥선 안내원을 다시 만났다. 풍악산에서 개골산으로 금강산은 얼굴을 바꾸었다. 만물상은 가을에는 단풍 든 풍악으로 아름다웠는데 겨울에는 암석이 그대로 드러나 그 또한 아름다웠다. 가을 풍악산의 만물상에 비해 겨울 개골산의 만물상은 좀 더 담백해 보인다. 나뭇잎이 다 떨어지고 산의 골격이 드러나니 만물상의 기묘함이 더 부각된다.

　귀면암을 보니 금강산 4계를 촬영한 이정수 사진작가의 말이 떠올랐다. "귀면암은 큰 물동이를 이고 있는 듯한 바위덩어리인데, 그것을 보면 저절로 함성을 지르게 됩니다"라고 그는 말했다. 구름이 스쳐가고 빛의 조화를 받게 되면 바위는 황금색으로도 변한다고 했다.

　귀면암을 보고 돌아 내려와 천선계를 따라 오르면 오른쪽에 새지봉산줄기가 보인다. 만물상에 올라가면 오봉산이라고 불리는 해발 1263미터의 봉우리 다섯 개가 있는데, 그중 오른쪽에 있는 산봉우리가 새지봉산줄기다.

　새지봉산줄기에는 푸른빛을 띠고 변치 않고 서 있는 소나무가 있다. 금강산 소나무는 유달리 곧게 자라고 짙은 푸르름을 지니고 있

가을

겨울

금강산의 만물상은
가을과 겨울의 풍경이 또 다르다.
가을에는 단풍으로 화려하고
겨울에는 산의 골격이 드러나 담백하다.

다. 그런데 소나무가 바위틈에 뿌리를 내리고 있다. 물 한 모금 없고 흙 한 줌 없는 억센 바위틈에서 자라고 있다. 소나무는 세 가지 특징을 가지고 있다. 첫 번째는 소나무를 다른 곳으로 옮겨 심으면 자기가 살던 토양을 잊지 못해 죽고 만다는 것. 두 번째는 다른 나무들은 잎이 시들어도 소나무만은 한겨울에도 푸르다는 것. 세 번째는 비옥한 토양이 아니어도 자기 뿌리를 내리고 자란다는 것이다.

"하늘에 새로 자유로이 오가고 동해의 푸른 물도 자유로이 흐르는데 같은 민족인 남녘 동포들이 금강산을 못 본다고 생각하니 아쉽습니다."

안내원이 말했다. 오랜 세월 우리 민족을 지켜본 이 산은 말이 없다. 안내원이 나란히 선 세 개의 바위를 가리키며 설명을 시작했다. 세 개의 바위 중 가운데 바위가 머리에는 투구를 쓰고 허리춤에는 장칼을 차고 갑옷을 입은 무사처럼 보인다. 그래서 무사바위라고 불린다. 제일 낮은 바위는 네모나게 생겼고 삐쭉삐쭉 나왔다. 자라가 옆으로 앉아서 손풍금을 타고 있는 것 같다고 해서 자라바위라고 부른다. 안내원이 또 다른 바위를 가리키더니 이것은 풀밭의 메뚜기같이 보인다고 말했다. 또 봉우리에 유달리 삐쭉 나온 바위 하나가 있는데 머리에는 왕관을 쓰고 두 눈을 크

▼투구를 쓴 무사처럼 보이는 무사바위

게 뜬 채 코를 삐죽 내민 사자 머리 같다. 그래서 사자가 우리를 내려다보고 있는 길목을 사자목이라고 부른다. 그 밖에도 곰, 독수리 등 여러 가지 형체를 연상시키는 바위들이 있다. 새 지봉산줄기의 벼랑 중턱에 솟은 바위도 눈에 띈다. 장수가 도

▲ 사자 머리를 닮은 사자바위

끼로 바위중턱을 찍어놓은 것 같다고 해서 절부암(切斧巖)이라고 한다.

"만물상에서는 일만 가지 모든 물체를 다 찾아볼 수 있습니다."

안내원이 말했다. 세상의 기묘한 바위는 여기에 다 모아놓은 것 같다. 자연은 인간의 상상력을 자극한다. 바위들을 보며 무엇을 닮았는지 생각해보는 것도 금강산을 즐기는 재미일 것이다.

하늘로 오르는 천일문

다시 발걸음을 옮겼다. 굽이진 산길을 오르고 오르다 보니 안심대가 나타났다. 안심대는 말안장처럼 생긴 덕대로, 험한 곳을 오르다가 여기에 이르면 마음이 놓인다고 해서 안심대(安心臺)라고 한다. 정말 주변은 깎아지른 벼랑인데 이 안심대에서만은 편히 앉아서 경치를 구경할 수 있다.

안심대에서 잠시 숨을 고르고 다시 길을 나섰다. 망장천을 지나

산을 더 오르니 천일문이 나왔다. 한 사람이 겨우 통과할 수 있는 좁은 구멍이 뚫려 있고 그 위에 넓은 바위가 덮여 지붕이 되었다. 천일문은 자연돌문으로, 금강산에 있는 자연돌문 중에 가장 높은 곳에 있다. 이 문을 지나면 하늘에 오를 수 있다고 해서 천일문 혹은 하늘문이라고 부른다.

천일문에서 더 오르면 천선대라는 바위 봉우리가 나온다. 하늘에서 선녀들이 내려와 놀았다고 해서 천선대라는 이름이 붙었다. 기둥바위 네 개가 주변을 둘러싸고 있는데 아래를 보니 아찔한 벼랑이다. 천선대는 만물상 한복판에 자리 잡고 있어 만물상의 경치를 조망할 수 있는 전망대 역할을 한다. 천선대에 올라야 만물상의 진면모를 볼 수 있다고 해서 진만물상(眞萬物相)이라는 말이 생겨났을 정도다.

금강산의 산악미를 대표한다는 만물상의 바위들을 하나하나 보고 있노라니 시간 가는 줄을 모르겠다. 바람과 물이 깎아 만든 천연 조각들이 아주 특별한 풍경을 만들어낸다. 만물상은 세상의 모든 사물을 담은 또 하나의 세계와 같다. 그 세계를 카메라로 다 담아내기란 애초에 불가능한 일인지도 모른다. 방랑시인 김삿갓도 우리와 비슷한 감정을 느꼈는지 금강산을 여행하다가 느낀 감흥을 이렇게 노래했다.

'우뚝우뚝 뾰족뾰족 야릇하고 기이하니 산 모습 사람인 듯 신선인 듯 귀신인 듯 금강산에 들어와 좋은 시 써보자고 평생을 별렀으나 이제 이 산 오고 보니 너무나도 좋은 경치 시로 담긴 어림없네.'

설악산

금강산

설악산에도 금강산에도 만물상이 있다.
만물상에서는 일만 가지 물체를 닮은
바위를 찾아볼 수 있다고 한다.

◆ 귀신을 막는 귀면암 ◆

험상궂은 모습을 한 귀면암과 관련해 내려오는 전설이 있다. 천하를 유람하며 즐기던 신선 네 명이 있었다. 이들은 세상에 이름난 곳을 돌아다니다가 마지막으로 금강산에 도착했다. 신선들은 금강산의 경치에 감탄하면서 이리저리 돌아보았고, 드디어 만물상에 이르렀다. 만물상의 경치를 천천히 감상하면서 천화대에 오른 신선들은 마침 그곳에서 선녀들이 노는 것을 보게 되었다. 하늘에서 선녀들이 내려와서 풍악을 울리면서 풍류를 즐기고 있었던 것이다.

▼ 귀면암

신선들과 즐겁게 노닐던 선녀들은 날이 저물자 하늘로 올라가야 했다. 그런데 이때 한 선녀가 신선들 앞에 무릎을 꿇더니 부탁이 있다고 했다. 선녀들은 경치 좋은 만물상에 자주 와서 노닐고 싶은데 귀신들이 와서 훼방을 놓는다는 것이었다. 그러니 그 귀신들이 오지 못하게 만들어 달라고 신선들에게 부탁을 했다.

그 이야기를 들은 신선들은 만물상 계곡 입구에 바위로 커다란 귀신의 형상을 만들었다. 이것이 바로 귀면암이다. 대신 천화대에는 선녀들이 내려와 노닐기 때문에 바위도 귀신의 모습이 아니라 평범한 바위 모양으로 두었다. 귀면암의 모습이 얼마나 기괴한지 이 바위를 만들고 나서는 귀신들이 무서워서 만물상 안으로 들어오지 못하게 되었다. 귀신들은 만물상으로 들어오진 못했지만 금강산이 너무 아름다우니 이곳에서 영원히 살자고 하면서 자리를 잡았는데, 그것이 삼선암과 독선암으로 변했다고 한다.

출처 : 문화콘텐츠닷컴

대청봉에
올라

    설악산에 밤이 찾아왔다. 산속의 밤은 참 빨리 깊어간다. 고픈 배를 달래며 피곤한 몸으로 산장에 갔다. 뜻밖에 산 사나이 동료들을 만났다. 산악인들은 뭘 먹을까? 우리가 설악산을 찾은 때가 새해를 맞는 시간이었기 때문에 정용기 씨는 떡국을 끓이기 시작했다. 한 해를 산과 함께 시작하고 산과 끝내는 이들은 신년 산행, 송년 산행을 함께한다. 동해의 자연산 홍합인 '섭'을 넣어 떡국을 끓였다. 달걀지단에 김가루까지 올려 푸짐한 한 그릇을 먹는다. 산에서 바다를 먹는 듯한 느낌이다. 소박하지만 흥겨움과 넉넉함으로 채운 설악의 밥상이다.

    금강산에도 저녁이 찾아왔다. 이곳에서도 음식이 준비되는데 오늘 메뉴는 해물전골이다.

"금강의 수산물과 산나물이 다 들어가서 아주 진합니다."

김영일 조선요리협회 연구사는 맛 또한 진하다고 감탄했다. 안내원이 말을 보탰다.

"다른 곳에도 물고기가 있지만 해금강의 물고기를 왜 제일로 치느냐 하면 금강산의 산삼, 녹용이 녹아서 흘러내리는 물이 그대로 해금강에 흘러드는데, 그 물에 사는 물고기이기 때문에 약 효능도 높고 맛도 있습니다."

잊을 수 없는 금강산의 맛

허영호 대장은 금강산을 세 번 다녀왔다고 한다. 생각나는 음식은 신선로와 비슷한 음식 그리고 도토리묵을 꼽았다. 금강산에서 안전요원으로 근무했던 정용기 씨는 산나물을 좋아했다. 고사리무침, 도라지무침이 정말 맛있었다고 한다.

정용기 씨의 말처럼 해금강에서 해물탕을 먹을 때 고사리무침, 도토리묵이 기본으로 올라왔다. 해금강에서 잡은 물고기를 넣어 끓였는데 해금강의 물고기는 몸에 좋고 맛도 좋아서 금강산의 산삼이라고 불린다.

평양에서도 탕을 먹어봤지만 평양의 탕은 국물이 찰랑찰랑하게 많은 느낌이라면 이곳의 탕은 국물이 더 적고 진하다. 금강산에서 자란 도토리로 묵을 쏜 도토리묵도 진하고 고소했다. 금강산은 생태환경보호지구이기 때문에 도토리가 떨어져도 사람들이 채취할 수 없다. 다만 식당에서는 도토리를 채취해 쓸 수 있다.

▲ 금강산에서 맛본 해물탕과 도토리묵, 고사리무침, 도라지무침

금강산 백도라지도 나왔다. 금강산 백도라지는 뭐가 그리 특별한
걸까? 안내원 말에 따르면 다른 곳에도 도라지가 나지만 공기와 물
이 맑고 산이 좋은 금강산에서 난 백도라지는 약 효능이 높아서 천
년음식으로 불린다고 한다.

설악산 정상에서

설악산 산행의 마지막 날 아침, 오늘의 목적지는 설악산 정상이
다. 대청봉에 오르는 길은 경사가 만만치 않다. 설악산 대청봉까지

거리는 약 4.5킬로미터. 앞에는 공룡능선, 그 뒤로는 마등령이 보인다. 그리고 더 북쪽으로 금강산이 희미하게 보인다. 뒤쪽에는 천불동 계곡에서 올라오는 만물상이 펼쳐졌다. 설악산에도 금강산과 마찬가지로 만물상이 있다.

초속 12킬로미터의 강한 바람에 몸이 휘청거릴 정도다. 그러나 설악산 산악인들은 마침내 1708미터 높이 대청봉에 올랐다. 태백산맥에서 가장 높은 곳, 사방을 둘러봐도 모자람이 없는 풍경이다. 눈앞에 펼쳐진 백두대간은 오랜 시간과 부침 속에서도 한반도를 지탱해온 산줄기답게 오늘도 크고 든든하다. 북쪽 백두대간을 바라보니 아쉽다. 백두대간 길이 보이는데 저항령 넘어서 길이 끊긴다. 산악인들과 함께 설악산에 올라 금강을 불러봤다.

"설악아, 잘 있거라! 금강아, 내가 간다!"

백두대간 너머 금강에서 메아리가 힘차게 대답을 했다. 비록 갈 수는 없지만 두 산은 서로에게 소리의 울림을 주고받는다. 나란히 서 있는 설악과 금강처럼 언젠가 서로 얼굴을 보며 인사할 수 있기를.

설악산에서 금강산까지
백두대간으로 연결된 길은 끊겼다.
그러나 여전히 서로를 향한
울림이 전해지고 있다.

✦ 백도라지 설화 ✦

　옛날 한 마을에 이쁜이라는 처녀와 강쇠라는 총각이 백년가약을 맺었다. 부부가 되어 행복하게 살던 어느 날, 산에 나무하러 갔던 강쇠가 벼랑에서 떨어졌다. 이쁜이는 심한 타박상을 고치는 데 백도라지가 명약이라는 말을 듣고 금강산 옥류동으로 들어갔다. 옥류동에는 갖가지 꽃들이 피어 있었으나 백도라지만은 보이지 않았다. 지친 몸으로 앞 골짜기를 바라보았을 때 마침내 하얀 꽃잎을 펼치고 피어 있는 백도라지를 발견했다. 이쁜이는 달려가서 흙을 파헤치고 도라지를 캤다. 도라지가 어찌나 큰지 바구니에 담으니 한 가득이었다. 기쁜 나머지 이쁜이의 입에서 노래가 흘러나왔다.

　도라지 도라지 도라지
　강원도 금강산의 백도라지
　한두 뿌리만 캐어도
　대바구니 스리슬슬 다 넘느나

　에헤요 에헤요 에헤요
　어라야 난다 지화자자 좋네

네가 내 간장을 스리살살 다 녹인다

노래를 부르고 앞 골짜기를 다시 바라보니 흙도 없는 바위틈에 백도라지가 또 한 뿌리가 있었다. 이쁜이는 신이 나서 또 한 구절 노래를 불렀다.

도라지 도라지 도라지
강원도 금강산의 백도라지
하도 날 데가 없어서
양바위 틈에 났느냐

에헤요 에헤요 에헤요
어라야 난다 지화자자 좋네
네가 내 간장을 스리살살 다 녹인다

이쁜이는 집으로 달려와 백도라지를 참기름에 볶아 강쇠에게 먹였고, 그 덕에 강쇠는 자리를 털고 일어났다. 이쁜이는 금강산에서 도라지를 캐며 부르던 노래를 다시 불렀는데 어느새 마을 사람들도 따라 부르게 되었다. 그러더니 어느덧 금강산의 모든 골과 온 나라로 그 노래가 퍼졌다. 그 노래가 바로 '도라지 타령'이다.

출처 : 문화콘텐츠닷컴

〈두 도시 이야기〉
촬영을 마치며

남과 북의 두 도시를 잇는 이 시리즈는 지금까지 없던 기획이기에 시청자들이 어떻게 받아들일지 고민과 우려도 없지 않았다. 그러나 남북이 공동으로 노력해서 시행착오를 겪고 장애물을 넘으며 마무리할 수 있었다.

그리고 다행히도 방송을 본 많은 분들이 '평양에서 어떻게 저런 영상을 촬영했을까' '저런 모습은 서울의 모습이라고 해도 믿을 만큼 자연스러웠다' '가을과 겨울의 금강산 풍경이 참 인상적이었다' 같은 반응을 보여주었다. 민족의 동질성을 회복하기 위해 방송이 할 수 있는 역할이 있다는 것을 느낄 수 있었다.

남북 방송 교류는 의미 있는 경험이었다. 이번 경험은 남과 북 모두에게 앞으로 남북 공동 제작을 위한 중요한 자산이 될 것이다.

〈두 도시 이야기〉 특집 시리즈는 앞으로 남과 북의 도시를 이어나 갈 것이다.

이 방송이 완성되기까지 JTBC에서 많은 분이 도움을 주었다. 사실 이 방송은 매주 방송되는 정규 프로그램이 아니라 특집 다큐멘터리이기 때문에 한 번의 방송으로 승부를 걸어야 했다. 편성팀은 프로그램을 논의한 자리에서 바로 이 방송을 추석 특집으로 편성해주기로 했다. 다른 부서들과의 협업도 매끄러웠다. 기술, 홍보, 디자인 등 여러 부서에서 많은 관심과 도움을 주었다.

프로그램 제작은 기획과 촬영 그리고 편집 등의 후반 작업을 통해 이루어진다. 북한 취재도 마찬가지였다. 이를 진행해준 진천규 통일TV 대표에게 이 자리를 빌려 깊은 감사를 드린다. 진 대표가 그동안 축적한 취재 경험과 JTBC 제작진과의 신뢰가 북한 취재에 많은 도움이 되었다.

이 방송은 남과 북의 제작진이 합심했기에 가능했다. 이 자리를 빌려 촬영에 함께해준 북한 관계자들에게 고마움을 전하고 싶다. 김영일 조선요리협회 연구사는 북한 조선중앙TV의 요리 경연 프로그램 심사위원을 맡는 등 북한 음식의 권위 있는 전문가였다. 오은정 해설사는 밝고 자신감 있는 태도로 평양과 원산의 맛과 멋을 소개해주었다. 참여했던 북한 카메라 감독들 역시 열의를 갖고 촬영에 임해주었다. 두 출연자에게 촬영 말미에 소감을 물었다. 방송에는 나가지 않았지만 여기에 옮겨 공유하고자 한다.

오은정 해설사: 평양의 자랑거리가 정말 많은데 평양 음식이나 정서 같은 걸 남녘에 계신 동포 분들에게 제대로 전달할 수 있을지 걱정이 없지 않았습니다. 하지만 정말 힘든 줄도 모르고 힘껏 협조했습니다. 우리 평양이나 북에 대해 알고 싶은 동포 분들께 조금이나마 도움이 되길 바랍니다. 이 편집물이 친근한 길동무가 되리라고 확신합니다. 그리고 이 편집물을 통해 북과 남은 언어도 풍습도 같은 한 민족이라는 동질감을 느낄 수 있었으면 좋겠습니다. 그래서 언젠가 우리가 잔치를 크게 벌이고 평양 음식을 함께 맛있게 먹는 꿈을 소중히 간직해주시면 감사하겠습니다.

김영일 연구사: 이 작품이 평양의 모습을 우리 동포들에게 조금이나마 보여줄 수 있었으면 좋겠습니다. 평양의 음식과 명소, 평양의 진가를 알리는 데 도움이 된다면 기쁠 것입니다. 또 화면을 통해서가 아니라 현실에서도 마주 앉아서 평양과 서울의 맛과 멋을 서로 이야기하는 날이 왔으면 좋겠습니다.

◆ 조선요리협회 이야기 ◆

북한에서 우리와 함께하며 평양 음식을 소개해주고 설명해준 조선요리협회의 김영일 연구사에게 조선요리협회에 대해 들어보았다.

조선요리협회는 어떻게 탄생했나요?

우리 조상들이 많은 음식 문화를 남겨주셨는데 어려운 일들을 겪으면서 음식 문화에 많이 소홀해졌습니다. 이제 우리 시대에 요리를 발전시키고 음식 문화 수준을 높여야겠다고 생각했죠. 그래서 요리를 가르치고 음식 문화를 이끌 수 있는 기관을 설립하기로 한 겁니다. 그렇게 1988년에 조선요리협회가 창립되었습니다.

'요리는 어떻게 해야 하고, 이렇게 만든 음식을 어떻게 일반화할 것인가?' 하는 것이 우리의 사명입니다. 다시 말해, 우리 민족의 요리는 어떻게 만들고, 지방 특산요리는 어떻게 만드는지, 또 평양 4대 음식인 평양냉면, 대동강 숭어국, 평양온반, 녹두지짐은 어떻게 만드는지를 우리가 가르치고 시험도 봅니다. 경연도 치르고 해서 요리사들 수준을 높이는 겁니다. 이처럼 나라의 음식 문화 수준을 고루 발전시키는 일을 하고 있습니다.

주로 어떤 일을 하는 곳인가요?

우리 협회에는 총 50여 명이 있는데 저 같은 연구원이 20명 정도, 행정직이 30명 정도 있습니다. 저는 2000년부터 이곳에서 일했습니다. 연구원들은 각자 전문 분야가 있습니다. 주식, 고기요리, 전통요리, 외국요리 등으로 나눠서 자기 사업을 하는 거죠.

지난 30년간 우리는 《조선요리전집》을 썼습니다. 이 책에 들어간 요리가 5000~6000개 정도 되는데 모두 요리법을 정립해서 올려놓았죠. 또 인터넷 틀도 개설했습니다. 여러 가지 민족요리 만드는 법, 일반 가정음식 만드는 법 등을 동영상으로 만들어서 인터넷에 올려놓았습니다. 또 전국을 다니면서 지금 우리 요리에서 잘되고 있는 건 뭐고 잘못된 건 뭔지를 파악합니다. 그런 다음에 강습을 하거나 봉사단이 전국을 다니면서 가르쳐주기도 합니다.

그 외에 1988년에 세계요리사동맹에도 가입을 했습니다. 스위스 노동기구가 세계요리기구를 주관하고 세계요리경연도 주최하는데 우리는 1990년 독일을 비롯해 두 차례 정도 나갔습니다.

이번 촬영을 진행한 소감이 어떤가요?

평양의 모습을 우리 동포들에게 어떻게 하면 더 잘 알려드릴까 걱정이었습니다. 이렇게 만든 편집물로 남녘 동포들이 평양 음식과 명소를 조금이나마 아는 데 도움이 된다면 참으로 기쁘겠습니다. 또 한 가지, 우리 동포들이 화면이 아니라 실제로 마주 앉아 평양과 서울의 맛과 멋을 서로 이야기할 수 있었으면 좋겠습니다.

〈두 도시 이야기〉가
만들어지기까지

2018년 JTBC 탐사기획국 내에 기획탐사팀이 만들어졌다. JTBC는 그동안 보도와 시사, 예능과 드라마에서 의미 있는 성과를 이루어오면서 다큐멘터리 또한 제작해야 한다는 공감대가 내부적으로 형성되고 있었다. 그런 공감에 힘입어 다큐멘터리를 만드는 팀이 생긴 것이다. 늦다면 늦은 출발이었다. 그런데 팀이 신설되고 나서도 고민이 많았다. 이제부터 어떤 다큐멘터리를 만들어야 할까? JTBC만이 만들 수 있는 다큐멘터리란 어떤 것일까? 오랜 고민과 토론 끝에, 시청자들은 시대정신이 담긴 다큐멘터리를 기대할 것이라는 결론을 내렸다. 다소 부족할지라도 우리 사회와 더 넓은 세상에 도움이 되는 시대정신을 담을 수 있다면, 사람들의 마음에도 가닿을 것이라고 믿었다.

그 첫 결과물이 〈두 도시 이야기 - 서울 평양〉이었다. 남과 북의 평화는 어쩌면 지금 시점에 가장 중요한 시대정신이라고 생각했다. 단순히 전쟁이 없는 상태라는 소극적 평화를 넘어 그 이상의 의미를 담고 있기 때문이다. 우선 평화를 통해 경제적 번영의 기반을 만들 수 있다. 남한의 자본과 기술, 북의 자원과 인력이 만나면 더 나은 미래로 함께 나아갈 수 있지 않을까. 또 한반도의 변화는 우리만의 문제가 아니라 동아시아와 전 세계 평화에 기여하는 국제적 의미까지 지닌다.

앞으로 평화의 시대를 살아갈 우리에게 가장 필요한 것은 서로를 좀 더 알고 이해하는 것이 아닐까. 평화로 가는 길이 순탄하지만은 않을 것이다. 그러나 어떤 세부적인 난제가 있더라도 사람과 사람 간의 공감은 그것을 넘어설 탄탄한 기반을 만들어줄 수 있다.

그 기반을 만드는 데 우리 다큐멘터리가 기여할 수 있겠다는 생각이 들었다. 그래서 한 번에 끝나는 일회성 방송이 아니라 계속 이어질 수 있는 특집 다큐멘터리를 기획했다. 오랜 시간 헤어져 살아온 남과 북이 방송 한두 번으로 가까워지기를 기대하기란 힘들지 않겠는가.

JTBC 탐사기획국에서 제작하던 〈이규연의 스포트라이트〉에서는 초기부터 북한에 대한 시의성 있는 아이템을 다루었다. 2018년 1월 4일, 통일TV 진천규 대표가 평양과 원산 등에서 촬영한 영상을 바탕으로 제작된 〈단독 공개! 21일간 북한 취재〉편이 바로 그

것이다. 진천규 대표는 남북 교류가 단절된 2010년 이후 북한을 단독 취재했던 재미 언론인이다. 이를 포함해 직간접적으로 북한을 취재하면서 다양한 경험과 네트워크를 쌓아왔다. 그런 네트워크를 통해 〈두 도시 이야기〉로 가는 길을 열 수 있었다.

먼저 진천규 대표를 통해 북한 측에 프로그램의 기획 의도와 촬영 구성안을 전달했다. 이 프로그램을 어떤 프로그램으로 만들 것인지, 어떤 것을 지향하는지에 대해 북한의 담당자와 제작진에게 전달하려고 노력했다. 정치나 이념을 떠나 지금 서로가 가장 잘 공감할 수 있는 서울과 평양의 '맛'과 '멋'을 이야기하자는 것이었다. 평양의 맛집, 그곳의 음식을 만드는 공간과 사람들, 평양이라는 도시를 다루고 싶다는 뜻을 전했다.

또한 일자별로 상세히 기록된 촬영 일정표와 구성안 그리고 참고할 수 있는 사진이나 영상을 전달했다. 어떤 곳은 가능하고 어떤 곳은 불가능하다, 어떤 촬영은 가능하고 어떤 촬영은 불가능하다, 이런 식의 조율이 계속되었다.

다만 북에서는 촬영된 영상의 편집에 대해서는 기본적인 세 가지 사항을 제외하고는 어떤 특별한 요청도 하지 않았다. 그 세 가지란, 첫째 김일성 주석이나 김정일 위원장의 동상이나 초상화를 촬영할 경우 전신이 다 나와야 한다는 것, 둘째 군인들이 시내를 다니거나 흐트러진 모습을 담지 말아달라는 것, 셋째 너무 누추한 모습을 찍지 말아달라는 것이었다.

정치와 이념을 뺀 미식 기행에서 동상과 초상화 또는 군인들의 모습은 담을 필요가 없었기에 큰 문제가 되지 않았다. 누추한 모습 역시 남과 북이 서로를 이해하기 위한 기획 의도를 보면 담을 필요가 없는 영상이었다. 가령 외국의 방송사가 서울역 노숙자만을 영상에 담아 '서울이 이렇다'라고 한다면 누가 공감할 수 있을까.

그렇게 서울과 평양의 제작진이 만나 이런저런 조율 과정을 거쳐 함께 촬영을 하기로 결정했다. 이런 공동 제작 방식은 국내 최초의 남북 방송 교류였기에 기대와 걱정이 교차했다. 우리 제작팀은 PD 2명, 조연출 1명, 메인 작가 1명, 자료조사 1명으로 단출하게 구성된 팀이었다. 진천규 대표도 함께해주었고 작곡가 윤상 씨는 프로그램에 사용된 전 곡을 작곡해주었다. 북의 제작진은 촬영감독(북에서는 촬영가라고 부른다) 2명, 출연자 2명(김영일 조선요리협회 연구사, 오은정 문화해설사)과 안내원 1명, 운전사 2명으로 구성되었다.

▼ 공동 제작을 위해 만난 남과 북의 제작진

한 번 평양과 원산에 가면 15일간 촬영이 진행되었다. 남과 북의 제작진이 가능한 것과 어려운 것을 선별하고 촬영에 임했다. 촬영을 하며 제작진들 역시 서로를 알아가는 경험을 했다. 그동안 단절되어서 전혀 알 수 없던 북한의 방송 제작 방식도 볼 수 있었다. 남과 북은 방송 용어도, 사용하는 장비도, 촬영 방식도 다른 것이 현실이었다. 북한에서는 PD를 '연출가'라고 불렀다. 우리 방송 시스템의 '작가' 개념은 없는 것처럼 보였다. 시청률 중심의 우리 방송 환경과는 다르기 때문에 직접 비교가 어려울지 모르지만, 그들은 기본적으로 성실했고, 업무량이 많아도 주어진 임무를 수행해내야 한다는 책임감이 강했다.

북한의 촬영감독은 기존의 캐논 XF305라는 일본 장비를 쓰고 있었고, 남한에서는 캐논 5d mark4라는 장비를 썼다. 북이 사용했던 XF305 역시 우리와 같은 디지털-메모리 저장 방식이었기 때문에 서로 기술적 문제로 이해하지 못하는 부분은 없었다. 북한 촬영가(카메라 감독)들은 북한 내에서도 인정받는 전문가들이었기에 다양한 앵글과 카메라 워크로 평양과 원산의 모습과 음식을 잘 담아주었다.

물론 함께 풀어가야 했던 과제도 있었다. 우리 기준에서는 꼭 필요한 장면들인 외경, 차량 이동 트래킹, 다양한 각도에서의 공간 풀 샷 등이 1차 촬영에서 다소 부족했다. 우리는 이런 문제점들을 상세히 기록했고, 보완할 부분은 자료로 준비해서 북에 전달했다. 덕분에 2차 촬영에서는 이전 부분들이 서로가 만족하는 수준으로 개선되었다. 북한 제작진이 먼저 제안해서 대동강에 보트를 띄워 옥류관의 모습을 촬영하기도 했다. 이는 국내 방송에서 최초의 시도였다. 식당의 주방 또한 그동안 쉽게 공개되지 않았는데 우리는 음식이 만들어지는 과정까지 담을 수 있었다. 평양 시내 모습을 담거나 평양 시내를 배경으로 음식을 촬영하는 것, 다양한 특수 촬영 장비를 사용하는 것에 대해서 서로 깊은 논의를 했다.

그렇게 우리는 서로의 차이를 알게 되었고, 마음을 열고 논의를 이어가면서 그것을 넘어설 수 있었다. 어쨌든 남과 북은 같은 언어를 쓰고 있지 않은가. 방송 용어와 문법이 조금 다른 것은 어쩌면 작은 문제였고, 중요한 것은 차이를 인정하고 마음을 여는 자세가 아니었을까.

JTBC 기획탐사팀장 겸 〈두 도시 이야기〉 CP·연출

김명환

〈두 도시 이야기〉를 만든 사람들

기획 | 이규연
책임 프로듀서 | 김명환
연출 | 김명환, 박동일, 양인모
북한 취재 | 통일TV 진천규
조연출 | 박예원
글·구성 | 이승희, 문소영
취재 작가 | 김라리아, 김유미
내레이터 | 유인나, 윤세아, 민경훈
음악감독 | 윤상
작곡 | 김광민(두 도시 이야기, The Mountain)
컴퓨터 그래픽 | 송걸

두 도시이야기

서울·평양 그리고 속초·원산

초판 1쇄 2019년 6월 10일

지은이 | JTBC 〈두 도시 이야기〉 제작팀

발행인 | 이상언
제작총괄 | 이정아
편집장 | 조한별
책임편집 | 최민경

진행 | 조창원
디자인 | Design co*kkiri

발행처 | 중앙일보플러스(주)
주소 | (04517) 서울시 중구 통일로 86 4층
등록 | 2008년 1월 25일 제2014-000178호
판매 | 1588-0950
제작 | (02) 6416-3925
홈페이지 | www.joongangbooks.co.kr
네이버 포스트 | post.naver.com/joongangbooks

ⓒ JTBC, 2019

ISBN 978-89-278-1009-4   03300

중앙북스는 중앙일보플러스(주)의 단행본 출판 브랜드입니다.